知識社会のゆくえ

プチ専門家症候群を超えて

総合研究開発機構
木場隆夫【編著】

日本経済評論社

まえがき

二一世紀は知識の社会といわれて久しい。マッハルップが、そう予言したさきがけと言われるが、「知識社会」という言葉をより広めたのは、ピーター・ドラッカーの『断絶の時代――来たるべき知識社会の構想』［一九六九］であろう。また、ダニエル・ベルは「ポスト工業社会」という言葉により、将来の予告をした。

経営学者としてドラッカーは知識社会の具体的なイメージを、これからの経済活動は知識を用いる専門家やテクノロジストが担うのであると明快に語っている。また、ポスト工業時代において、知識が重要な経済的役割を負うという指摘は多い。

仕事や生活のなかに、知識によりもたらされたものは計り知れない。パソコン、インターネット、携帯電話の目覚しい普及があり、さまざまなソフトウェア事業の成功は、知識の経済的重要性を思い知らせた。また、諸金融工学の発展もめざましい。これらは、知識社会のプラスの側面であることは間違いない。知識産業、知識労働、知識経済というべきものが我々の社会に浸透している。しかし、これらの点は経済的活力の源泉としての知識という見方にやや偏りすぎている。

この時代は、「持続可能な発展」が叫ばれて久しいように、将来への不安もあるのだ。戦争やテロ、環境問題、貧富格差などの地球規模の社会問題や人々の不安感、虚無感もみてとれる。これまで語られてきた「知識の時代」という言葉は、こうした側面を見過ごしていないか。これが、本書の問題意識である。

知識を生むためには、情報の伝達と編集が必要である。何よりも「何を正しいとするか」という価値自体が揺らいでいる。多くの人に共有される価値の編成について社会的な手続きを構想し、定着させることが必要だと主張したい。

ごく粗く一言でいえば、知識生産の手続きのなかに人々を組み込むことができる社会、それが知識社会なのだ。

二〇世紀は国民国家が統治機構として地球規模で広がり、国家が権力を振るい、経済繁栄の基礎となった。二一世紀は、問題の解決能力という点で、国家の位置づけはかなり変わってくるであろう。問題を解決し、社会に方向性を与え、価値と規範を創造・改変し、富の原動力となるのは、知識を基にした市民の縦横無尽な連携である。それを可能にする基盤は情報システムである。

それがどのようなものであるか、総合研究開発機構（ＮＩＲＡ）の膨大な研究蓄積のなかから具体的事例を探索した。いかに知識社会を実現することができるのか、必要な制度、政策、社会、個人の哲学などについて見通しを述べる。

目次

序　知識社会の新たな視点

ずいぶんと前から知識社会が到来すると言われてきた。そして、政府も企業もいまや知識や知の時代だと言っている。[*] しかしながら、知識社会を知識が中心となる世の中だと言い換えてみても、その実像はよくわからない。知識社会とは、いったいどういうものであるのか、素朴に考えてみた。ある先生との会話で、かつて「情報化社会」が登場すると言っていたときには、何やら怪しげな情報によって我々が右往左往してしまうという胡散くささがつきまとっていた。しかし、今、「知識社会」というときには、あまりそういった怪しげな雰囲気を感じていない。しかし、実のところは、知識社会にも落とし穴があるんじゃないだろうか、と示唆を受けた。それを受け、本書は、知識社会に欠かせない「正しさ」について重心を置いた。何が「正しい」のか、誰が「正しい」と決めるのか、というようなことである。従来、ドラッカーらが唱えた知識社会のイメージの影に隠れたことがらであるが、以下ではそれらを追求することにしたい。

＊　政府の政策としては、二〇〇一年三月閣議決定された科学技術基本計画に「知の時代」であるという認識が強く述べられている。本書巻末に抜粋を参考資料2として掲げた。その科学技術基本計画の法的根拠となっているのは科学技術基本法である。抜粋を参考資料1として掲げた。

1　従来の「単純な知識社会のイメージ」

知識社会という言葉は、字面だけをみれば知識をもとにして効率的に経済活動が行われ、正しい知識によって社会が運営されるというような意味にとれそうである。もっと単純化すれば何か、すばらしい社会が到来するかのようなイメージを抱かせる。それはたぶんに知識とは、正しさを凝縮したことであり、知識が社会を支えれば結構なことだと思えるからであろう。

知識社会における少し具体的な人々の暮らしは、絶えざる教育、学習をすることが必要であり、それをなしうるように組織を改変することが挙げられる。人々は知識を獲得し、それにより労働の付加価値を高めることが要請される。その背景は、知識を持つ者が優位に立ち、知識の有無によって優勝劣敗が決まるという構図である。

これを「単純な知識社会のイメージ」と呼ぼう。それに備えて家庭も企業も国も、競争力をつけるために、理数系科目や英語やコンピュータの勉強に血道をあげているかのように報道されたりする。ドラッカー［一九六九］の名著『断絶の時代』においては、労働者の知識水準を上げるのにたいへんな資金と時間がかかり、その知識労働が経済に占める割合は高まるのであるから、知識を得る機会の有無によって富み栄える層と、底辺に押し込められる層との断絶が起きると説いた。

2　いろいろな疑問──「正しさ」について

この「単純な知識社会のイメージ」は、なかなか強力な印象を与える。しかし、いろいろな疑問がある。

第一に、知識社会とは、何らかの意味で正しい知識を使う機会がある社会と言い換えることは可能だが、その正しいというのは、どのような意味においてであろうか。

ドラッカーが『断絶の時代』で知識社会の予言をしたのは一九六九年である。以来、三〇余年を過ぎて、どうにかその片鱗をみせているであろう知識社会は、果たして正しさという意味において、信頼するに足る状況なのだろうか。この点において、昨今の米英によるイラク戦争、およびその前のアフガン戦争、そして引き金になった9・11事件を思い起こさざるを得ない。米国政府は、イラクが大量破壊兵器を開発しており、その使用の危険を未然に防ぐために武力を用いることとやむなしと言った。この武力行使について国際世論は必ずしも米国支持ではなかった。国連決議のない武力行使は国際法上正当化されないという意見もあった。

その一方で、どの国も政府が米国を支持する、しないということと、多くの国民とは、直接関係をもつものではないらしい。一部の識者はTV、新聞などメディアで、その問題を論じている。国民も幾分かは戦争を気に病んでいる。しかし、他方で、他国それも自国から遠く離れた中東のこととあれば、庶民はそれほどわが身のこととしては思わない。イラクでの戦争では、巡航ミサイルや精密誘導爆弾など様々な新型兵器が湾岸戦争以来開発されているということが明らかとなった。兵器開発への知識動員の成果の大きさには、目を見張るばかりである。

何が知識で何がそうではないかは、人間の判断基準に基づくものであるだろう。その判断基準が正しいのか、どうか怪しくなっている。それが現代ではないのか。知識社会といっても、その知識がおかしな方向に向かってしまっては、狂った知識社会になってしまいかねない。その判断基準についてわれわれはどう考えたらよいのか。

第二に、知識がない者、知識において劣った者は、どうしたらよいのだろうか。知識を身に付けた者が富み栄え、そうでない者は、貧しく没落するというのであれば、確かに能力主義である点では公平であるが、そのような機会に恵まれなかった人はどうなるのであろう。そもそも一断片の知識によって優劣が決まるわけではないはずであるが、世の中というものは不公平な面もあって、ある種の知識が経済的、社会的な価値を大きく持つことがある。それでは、そうした面だけ特化して知識を持っている者は得をすることになる。そして知識全体は絶え間なく変化する。価値と知識の関係も変化するのだ。

第三に、知識をめぐっての際限ない拡大はいったいどういう事態をもたらすのであろうか。たとえば、知識の一形態として科学技術がある。科学技術は、日進月歩で発達し、恩恵をわれわれに及ぼしてくれるのだが、その科学技術の進展について「不安感」が増している。一九九八年に行われた日本の一般国民への総理府の世論調査でも、科学技術について不安感が表れている。「科学技術がどんどん細分化し、専門家でなければわからなくなる」という意見に賛成する者の割合は、八五・六%に達する。「科学技術が悪用されたり、誤って使われたりする危険性が増える」と心配する者が八四%、「科学技術の進歩が速すぎて、自分がついていけなくなる」とした者は八〇・五%に達する［総理府、一九九八］。そのような不安感が現実にある。

第四に、知識社会の理解として、知識経済への傾斜が強く見られる。知識経済における勝者となる競争をひたすら邁進する以外に知識社会には繁栄の仕方はないのだろうか。

3　知識社会と競争

自由競争が効率をもたらし結果として、経済効用を最大化し、資源の配分を最適化させるという。「神のみえざる手」に導かれて国が富むという説は、いまや多くの綻《ほころ》びをみせている［佐和、二〇〇二］。というのは、無限のフロンティアを想定すれば、競争によって無限の富が生まれる。しかし、今や環境問題と、人口増加と貧富の差の拡大によって、経済成長の持続可能性が低下している［見田、一九九六］。知識は無限といえるが、他方、現実社会は有限である。自由競争には限界がある。

もとより、競争が効率を高めることは事実であろう。オリンピックでも、企業でも、勉学でも競争によって資質が高まることは、言うを待たない。ルールと目的が明確な競争はよい。しかし、競争は、その公正さと目的などの条件が適正なものでなければならない。行き過ぎた競争が、かえって不正を招くという事態を、米国の最近の経済の綻びにみることができる。

不正行為、例えばエンロンやワールドコムの粉飾決算は、企業間競争においてもいっそうの公正さと第三者の監視が必要であることを感じさせる。競争がずっと続くことによる、敵対や不信、人間が感じる不安もある。競争による疲労感もある。競争を苛烈にすればその結果、勝者は少数であるが、敗者は多数である。敗者もそれなりに得ることがなければ、不満は高まる。競争は維持できない。かつて日本が高度成長華やかであったころ、大学受験を目指した競争が激しくなった。これは、勉強をして、ある程度学力を向上すれば、良い企業に就職できるという連鎖があったからだと考えられる。右肩下がりとなった今、競争に見合う対価が見込めなければ、競争もはやらないであろう。

ＳＭＡＰの歌『世界で一つだけの花』があるが、ナンバー・ワンではなく、オンリー・ワンを目指すことが支持されている。自分らしさを生かすことがこれからは求められているのだ。目標のあいまいな競争はすぐに飽きられる。そうではなくて、自分自身の満足の最大化が求められる。人間は安心や信頼ややすらぎやルールが必要である。競争がそれ自体目的化してしまうということは、往々にしてあり、戒めも必要である。

人間は存在の意味を自覚できることが必要である。本書は知識社会のもつ「単純なイメージ」の持つ、危うさについて指摘し、警鐘を鳴らし、それを克服することによって、知識社会をより豊かなものにする道筋を提案する。

以上のような点から、本書は以下の構成をとる。第一章では、全体の基礎として情報と知識の関係について述べる。情報化の進展が知識社会の前提となっていたこと、および情報と知識の違いを述べる。そして全体を通じる問題意識として、知識のもつ「正しさ」はどこから由来するかということを述べる。

第二章では、従来、社会の最高の権力を持ち、正しいとされる決定を行っていた国家への信頼性が低下しており、代わりに市民団体や利害関係者が集まることによって、それらの人々が大国に伍して政治的イニシアティブを取れるようになったことを扱う。国境を越えた市民団体の連携によって決定が行われる。それが「正しさ」を表すことになったことを論じる。

第三章では、知識の直接的な担い手である専門家集団の抱える問題と、知識の間接的な担い手である市民の関係について述べる。専門家固有の問題を解決するためには、専門家と市民のコミュニケーションが改善されなければならない。そのような意図の仕組みであるコンセンサス会議について触れる。

第四章では、知識拡大の競争が、ややもすれば知識を用いて短期的な利潤獲得を目指す経済原理のみに偏重しているのではないかという懸念から、風力発電と薬害防止を事例として知識による公共の福祉の増大の方策があることを強調する。

第五章では、以上の点を踏まえて知識社会について展望を述べる。知識社会とは、知識に価値を認める社会というだけではなく、逆に、社会を支えるための知識が必要という視点も重要である。そのために個々の人間が知識創造の体系のなかに組み入れられるようなシステムと手続きが確立することが望まれる。生涯学習と余暇の拡大はその基礎といえる。知識社会を実現するために必要な社会的制度について提言する。

引用文献等

佐和隆光［二〇〇二］『資本主義は何処へ行く』NTT出版、一四八～一五三頁。

8

総理府［一九九八］『将来の科学技術に対する世論調査』。
見田宗介［一九九六］『現代社会の理論』岩波新書、四四～一一九頁。

第一章　知識社会の登場

一　知識社会の登場――情報化社会からの進化

本書は、人間社会のありようについて考え、将来へ向けていくぶんでも備えることを目的としている。知識が重要な役割を果たす世の中になるという予想は、いろいろなされてきた。ドラッカーやベルのように自然科学とそれを応用した技術的な知識を労働に付加するという、知識労働に先進国の雇用は急速にシフトし、教育（生涯にわたっての）が重要であるという見方が流布している。

また、米国のＩＴ産業の発展においては知的所有権が威力を発揮したこともあり、日本でも知的財産権の保護を強め、産業振興と雇用確保を進めるという、いわゆるプロパテントの動きが急であり、先般知的財産基本法が成立した。

しかし、知識社会はまだ劇の序曲にしか至っていない。いままで着目された以外に、知識社会への変化は深く静かに進行している。我々が気づいているのは、経済に知識の影響が及んでいるということである。科学を含む学問は、知識生産の一つの態様だ。そこでは、一握りの知的エリートが、この経済競争のなかで勝ち抜いていく。それが、今後の知識社会の姿なのだろうか。そうした側面は考えうるが、それは知識社会の一部でしかない。経済の側面だけでなく、知識によってもたらされる、より大きな国家や社会という面での変化については見過ごされているようだ。これまでの「知識社会」についての考えは、主に産業や経済におけるものであった。しかし、社会を知識を用いてどのように営んでいけばよいのかは、まだ答えがない。

知識主導型経済をいかに運営するかということについては、従来から多くの論者がいるし、また、政府の政策としてもその方針ですでに実施されているところもある。本書は、知識を利益追求以外の面においても、発達させることが肝要であるということを述べる。また、知識社会について述べられていたことの盲点を論じる。それは、一言でいえば、知的エリートが知識社会の主役となるとしても、一般の人々はどのように知識社会にかかわることができるのかということである。

この知識を中心とする社会の前提となったのは、情報化社会である。古来、情報を伝えることによって人間社会は進化してきた。古くはバビロニアのハムラビ法典があり、それは粘土板に刻まれた。歴史的には情報伝達の道具としてパピルス、羊皮紙、竹簡などが使われた。中国における紙の発明は画期的であった。さらに印刷術の発展、とくに一五世紀のグーテンベルグによる活版印刷術によって、本が安くなり、従来、教会に独占されていた聖書が民衆の言葉に訳され、宗教改革の引き金になった。以来、産業革命の進展と歩調を合わせるように情報技術の進化が続いた。一八世紀から二〇世紀にかけ、新聞、電信、電話、映画、ラジオ、テレビが発明された。そして、二〇世紀末、パソコンとインターネットの普及によって、社会は完全に情報化された。

歴史的に情報の伝わり方が変わることによって、個人、社会、国家のありさまが大きく変わってきた。二〇世紀の情報化は近代国家を支えた。では、情報化社会が知識社会へと進展するとき、どのような時代となるのだろうか。

二　情報と知識の違い

情報と知識はしばしば入り混じり使われている。その区別は厳密とはいえない。しかし、その性質の違いは古来から、考えられてきた。ここではごく簡単にその区別をしておきたい。情報とは、「何らかの状況を示す文字や記号」ということができる。情報は真であるか偽であるかは問われない。これに対して、古代ギリシャ時代から言われるように、知識とは、「正当なる信念」である。英語では、ジャスティファイド・トゥルー・ビリーフ（justified true belief）である。この場合のtrueは、「真の」という意味でもあるし、また「自然な、本来の」という意味でもあろう。そして信念という言葉は、あることがらを信じてやまない人間の精神を指す。したがって、知識は、その正しさと、知識をもつ人間が主体として存在するという意味をもつ言葉なのである［杉山他、二〇〇二］。*

＊　下嶋によれば、以下のように記述される。情報とは「ある状況と他の状況との間に性質の相関があるとき、……一方の状況が他方の状況についての情報を担うといい、……情報の定義とできる」。

知識については「何らかの認知主体が、状況と状況の間の性質の相関に適応し、その結果として、ある状況に基づいて他の状況についての情報を獲得し、これを自分の行動を統制するのに使える方法で貯蔵したとき、……この情報をその主体の知識としてみよう。……情報が知識であるためには、主体の存在、相関への適応、行動の統制という三つの条件をさらにクリアしなければいけない」。

これを前提とすれば、情報社会というのは、単に情報が多く発信される社会を意味するにとどまる。しかし、知識社会というからには、認知主体たる人間の存在、相関への適応、主体たる人間の行動の統制までを社会の性質として意識せざるをえない。

情報と知識の定義の違いに意を払い、情報が文明に与える影響と、知識が文明に与える影響の違いを少し考えてみよう。

1　情報と文明

情報が文明に与える影響は、いうまでもなく、紙ベースの情報伝達から、電話、インターネット、携帯となるにしたがって、個人間の情報流通が増え、自由度が増したことに関係する。その結果、新たな情報の集積地が増え、社会構造および権力構造が変化している。

歴史的には工業化により資本主義が確立し、民主主義的な国民国家が成立した。国家の権力は二〇世紀に最強となった。工業化による経済厚生の向上とあいまった民主主義政体への支持、武力を支えた科学技術の動員、さらにマスメディアに流す情報を操作することなどによって、国家の権力は支えられた。

しかしいまや、情報流通の個人化によって、国家・政府、マスメディアは、その力の源泉を失いつつあるとみることもできる。あとで挙げる事例をみれば、情報が特定の個人または企業、集団により集積されるなどにより、国家の政治的絶対優位は失墜しつつある。権力の分散化は必然であると考えられる。

2　知識と文明

他方、知識は従来、政府の決定、市場による価格形成、学問などにより生産されてきた。一部の知識人の営みとして知識は生産された。市場においては知識は神のみえざる手が形成した。しかしながら、情報流通によって権力が分散されると、知識を形成する仕方が異なってくる。二〇世紀に強力であった国家というものから、二一世紀には市民へと社会の主役が変化する。大構造転換が起きるわけである。

知識は、それをもつ主体、つまり個人や組織を前提としている。その主体が置かれた状況、これを文脈と呼ぶとすれば、知識はその主体の文脈の下で形成される。主体は、個人やグループ、企業、ＮＰＯ、政府など多様でありうる。主体となる組織の形成の仕方は、従来より多様になった。個人の情報発信力は増している。また、文脈は、主体の経験、状況等によって異なる。したがって、主体の形成の仕方と文脈が変わることによって、何を知識とするかは異なる。前述の権力分散化によって、新たな知識生産主体が形成可能となった。主体がおかれた文脈によって知識のあり方は変わるのだから、権力の分散化によって、分散された主体が、都合の良いように相関への適応、主体の行動の統制をし、知識生産を分散化する。これによって異なる文脈下の知識生産の機会が増大する。このことは、知識の多元化に通じる。知識の多元化は、その質の向上の可能性を秘める一方、質の劣化を引き起こすおそれもあるし、また、知識の対立や不整合といった問題を起こす可能性がある。また、知識の多元化は、適切な組み合わせをすることによって、より多くの、高次の知識を生産する可能性をもつ。

したがって、知識の主体形成を工夫するとともに、知識の適切な組み合わせによる高次の知識生産の仕方を探る必要があるといえる。

三　国家制度と知識生産の関係

1　民主国家の知識の正統性

知識は、定義により正しさを備えている。知識がいかに正しいかという正しさについての絶対的な尺度はない。その正しさの由来は、いくつかの手続きを経ていることによるといえるだろう。たとえば科学的な知識は、学問の世界で正しいと認められたものである。また、学問以外に由来する知識は、その正しさはある仕方で認められたものなのである。ある仕方とは、市場活動の結果であったり、製造過程のコツであったり、古くから受け継がれてきた習慣であったりする。知識が正しいと判断される過程は、いろいろな形態がある。

本節においては、現代の民主主義国家がもっている知識の正統化の働きとその働きの弱体化に眼を向けてみる。民主国家においては、国家が法令の制定、行政、裁判をはじめもろもろの政府としての活動を行っており、それが民主主義というイデオロギーの下でなされている。そのような国家の活動が、我々の生活を、そして考え方の根本となる知識の枠組みを形成している。民主主義のイデオロギーとは、選挙で選ばれた国民の代表が決めたことや行政によるその実施は、守らなければいけないというものである。民の代表が決めているので、その決定の正統性はさらに高いものであるとみなされる。

我々の社会を支えている知識の枠組みは民主国家によって提供される。逆にまた知識は民主国家を支えているともいえる。民主国家と知識生産活動は、おおまかに言えばこれまで相互に支えあう状態であった。今後はその民主国家と知識生産の支えあいの関係は変わるであろう。

民主主義のイデオロギーは、それ自体正しいものとして受け止める向きもあるであろう。しかし、米国の文明史家ルイス・マンフォードは民主主義のイデオロギーは、統治権力、経済活動、知識生産と深く関わり合っていると指摘している。マンフォードの見方を、簡単にいえば、二〇世紀に国家の権力は、経済成長に支えられ、科学技術と軍事的強制力によって強化されてきた。そして民主主義という名のもと、人々が国家の主人公であるという建前をとることによって、国家権力はより正統化されてきたのである。

(1)　民主主義国家の発展と科学技術

歴史的に民主主義国家がどのようにつくられ、そのなかで経済や科学技術がどのような役割を果たしたか。ルイス・マンフォードの見解を下敷きに、他の先哲の著作も含め私なりに描いてみる［マンフォード、一九七三］。

一七八九年に起きたフランス革命により、ルイ王朝は打倒され、共和制が始まった。王制の否定は、社会は誰によって統治されるべきかという問題を引き起こした。これに対して、いろいろな説が唱えられていたが、人々が（社会と）契約することにより、国家が維持され、人々が保護されるという見方をルソーは唱えた。この社会契約論は、王制を打倒する有力な理屈づけとなったのである。こうして社会契約を理想に掲げる国家が誕生した。議会制度が強化され、人々の意思を決める舞台となった。一七七六年の独立戦争によって生まれた米国とともに民主主義を唱える国家が誕生した。一八世紀から二〇世紀にかけてそれが次第に発達するのである。

この政治変革の背景となったといわれる経済社会の動きは、一八世紀の産業革命である。蒸気エネルギーと機械を用いた資本主義経済の下で、富裕層が力をもつようになった。彼らの文化が発達し、新興の富裕層による統治形態として民主主義が生まれた。他方、資本主義の発達のもとで工場や鉱山に働く、労働者階級が増加した。労働者層は一九世紀、悲惨な生活レベルに留め置かれるが、やがて共産主義の政治的イデオロギーが形成される。二〇世紀には、共産主義国家の壮大な社会実験がなされた。

一九世紀に入り、しばらくのうちは、国家は、ブルジョワ市民階層に介入するべきではないとされ、夜警国家としての機能が求められた。ヨーロッパの国家は、物資と覇権をめぐって対立と戦争を続けた。そのなかで、従来は、戦争は貴族や兵士によって行われていたが、民主国家においては、民主主義的な意思決定による全体意思として国民は、国家による戦争に巻き込まれるようになった。ナポレオンは徴兵制度を用いて、ヨーロッパ征服の戦争を行った。ここに国家による戦争への総動員体制の原型が生まれた。また、議会のもとに法律による行政を行う官僚機構が生まれた。

民主主義は、自由、平等、博愛というスローガンを掲げ、人間を王権からの束縛から解放するようにみられたが、人間は新たな権力支配構造に組み込まれるのであった。その権力構造の一つとして科学技術は存在した。また同時に科学技術の発達は、経済発展につながり、富を拡大した。そして、経済発展によって民主主義への支持が広まったのである。

現代の科学技術と政治経済の関係について、竹内啓は、科学技術のもつ社会の変革の力が近代の文明の基盤であるとする［竹内、一九九五］。そして科学技術は、政治にとっては権力の維持に、経済にとっては富の蓄積に用いられるものである。政治・経済は、科学技術の進み方を支える役割をもっている。他方、科学技術はそれらによって用いられることにより、研究資金の流入と研究を行うことの正統性を与えられるものである。科学技術と政治経済社会は相互に絡み合った複合体となっているのである。

科学技術の発達という点からみても、人々の生活の向上に大きく寄与する面と科学技術によって戦争の規模が大きくなり、また国家による社会の統制や人間の動員力が強まった面があったことが知られる。

一九世紀において、技術によってつくられた製品は、繊維製品や鉄道、船などの生活上の必需品であった。これと同時代的に自然科学が急速に進歩をとげる。

二〇世紀に入ると、科学的知識が技術に応用されるようになった。電化製品が誕生し、自動車が普及した。戦争は、大規模化し、科学技術力を動員するものとなった。飛行機、戦車、機関銃、毒ガス、巨大戦艦などが生産された。一九一七年、ロシア革命によって、共産主義国家が誕生した。また後発工業国であった日本、ドイツ、イタリアは民主主義による国家運営には至らず、全体主義にとってかわられ、第二次世界大戦が起きた。このときラジオや映画は、人々の洗脳と動員に大きな力を発揮した。このとき、兵力も経済も科学技術も、すべてを国家が動員するという体制ができたのである。科学技術水準と経済力によって戦争の帰趨が決まった。米国のマンハッタン計画による原爆の開発と投下は、その絶頂であった。さらに米ソ冷戦は、原水爆の際限ない開発競争をもたらした。

(2) 大量生産とホワイトカラーの増加

二〇世紀後半、大規模生産が普及し、巨大企業も出現した。同時に大量の労働者（ブルーカラー）と、ホワイトカラーが必要とされた。

他方、共産主義、社会主義のイデオロギーへの対抗もあり、国家は、医療、年金などの社会保障や、教育にも力を注ぐ福祉国家に転じるようになった。雇用の維持も政府の役割とされた。政府は肥大し、行政機構はさらに強力になった。その行政機構は、各種の統計や情報を駆使した専門官僚によって動かされている。社会政策においても社会科学によって科学的分析と予測が試みられるようになった。

技術史家の中岡哲郎によれば、二〇世紀前半は、労働力節減、家事代替型の機械の生産が大きな産業となった。二〇世紀後半は、テレビやビデオ、音響機器といった余暇、娯楽を提供する機械の生産が大きな産業となった［中岡、一九九〇］。それにより、人々の欲望は刺激され、消費を増やし、経済を成長させることができたのである［見田、一九九六］。

ここに至り、民主主義国家は欲望の刺激により消費を増大させ、経済成長を遂げることにより安定するようになった。生産力の拡大によって、人々の生活水準は向上し、欲望を充足した。多くの先進国においては、民主主義的政治制度は、経済のパイの拡大と表裏一体のものであった。すなわち分け前の増加によって、人々は満足を得、政治体制を支持したのであった。人々の生活水準は向上し、欲望を充足し、民主主義は支持された。

こうして、民主主義の名による権威と、法律による行政という正統性と、科学的知識の裏づけと、加えて軍事的強制力により、国家は圧倒的な政治権力をもつに至った［マンフォード、一九七三］。

さらに、国家と大企業に情報が集中した。というよりも、組織内において情報が蓄積された。したがって、組織が大きければ、集まる情報も多かった。

2　情報技術とグローバリゼーションによる大転換

一九八〇年代に入り、時代は大きく変化した。資本主義、科学技術、民主主義の複合による国家体制は、大きく揺らいでいる。

一九九一年、ソ連の崩壊により、国家間のイデオロギー対立は解消された。フランシス・フクヤマが歴史は終わったと記した。資本主義はほぼ全世界に及び、グローバリゼーションが起きた。商品の輸入、資本の国際移動、労働力たる人の移動も起きた。工場は、たちまちのうちに途上国に移転した。情報・交通の発達は、グローバリゼーションに輪をかけた。先進国では省労働力・リストラの動きが先鋭化した。企業は競争のため**省コストと省労働力**を指向するようになったのである。

資本の移動によって、国内経済は疲弊し、国際的な資本主義の発達は、民主主義の支えであった個人の富の増大を必ずしも約束しなくなった。日本もいまや失業率の上昇に悩んでいる。先進国においても自由貿易についての抵抗が起きはじめている。

国家単位で政治経済のあり方を決めることの不合理がグローバリゼーションによって、明確になったのである。多くのことがらが、国際的な政府の協調がなければ解決できなくなっている。そのため、国家といえども実効性のある政策が決めづらくなっている。むしろ、この点で国際的な状況に機動的に国の施策を合わせやすいのは、人口の少ない国であるともいえる。シンガポールやスイス、北欧の国々など、人口が少ない国で経済運営がうまくいっているということはこのことに関係するであろう。

また、これらの国では教育に力を注いでいる。教育の高度化と情報公開が、国の発展の一つの原動力になっている。さらに地域のニーズに対応するには、国が決めた政策では十分ではない。ローカリゼーションも叫ばれている。地域の状況に即したルールづくりが求められている［伊藤、二〇〇〇］。

加えて、資源エネルギーの制約と地球環境問題のクローズアップは、経済成長への懐疑をもたらした。環境問題への関与は、以前は政治の主流ではなかった。近年、欧州の政治においては、環境への配慮が不可欠になっている。

経済成長至上主義によって近代国家は繁栄してきた。しかし、欲望を刺激し、需要を喚起する仕方には限界が近づいている。人々はそれに飽きたと同時に、その陰で進行している人間社会の危機に気づいている［佐和、二〇〇二］。

国の権力は衰退に向かっていると考えて差し支えないであろう。グローバリゼーションは、国民国家の力を弱めた。しかるに、公共的なことがらで、処理すべきことがらは多くなる。それを担当するのは必ずしも政府とは限らないであろう［ギデンズ、一九九九］。政府は分権的になり、中間的な団体が公共的役割を担うことが考えられる。

経済成長への意思によって、民主主義は支えられ国家は信頼された。しかし、今日、国への信頼の低下は目を覆うべくもない。ギデンズによれば、政治家と在来型の政治のあり方への信任低下はほとんどの国でみられるという［同、一九九九］。人々の望むものを政府は提供できないし、できたとしてもそれが著しく遅いのである。

こうした変化の決定的原因は情報化の進展である。情報の個人間の流通は、組織内の階層を崩し、また組織内の情報をいとも簡単に外に持ち出せるようになった。近年、相次ぐ企業の不祥事の露見の多くは、内部からの告発によるものといわれる［宮本、二〇〇二］。大企業の組織の階層は、崩れ、次第にフラットになってきた。いまや情報を共有し、新しい知識を育てていくことは、組織のなかでだけではなく、組織とは関係のない人間関係によって行われる。

組織は当然、社会に不可欠であるが、かつてほど、情報の流通と知識の生産にとって、組織が絶対的優位をもつものではなくなった。

国や大企業といったものの権威が急速に弱体化してきた。それに反して、情報の集中と発信が、特定の個人や団体によって行われるようになった。つい最近まで、情報は財・サービスの生産現場から業界団体、そして各省庁へと流れていった。そして、各省庁が発表する公式見解が、マスコミによってニュースとして国民に知らされた。あるいは事件が起きた場所から警察や政府に情報が流れ、そこから公式に情報が発信されるのであった。

国よりも、特定の人間集団（たとえば特定の疾病の患者団体や地域住民団体）に、より現場の情報が集まってしまうという現象がみられる。これは、供給側の事情だけでなく、財・サービスの需要側の状況の変化が重要になってきたこととも関連する。需要側の状況が、即、供給に反映されるように、供給構造が柔軟になったことにより、需要側の事情が重要性を帯びてきたのである。

また、インターネットの利用が多くなり、従来に比べ、テレビの視聴時間が減ったといわれる。個人の情報発信が可能になり、興味を引きつけている。それだけ、情報の多元化が一挙に進んだ。

先進国では、一九六〇年代から大学の大衆化が進んだ。大学進学率が高まり、それが数十年間継続したことで、かつてないほど、社会の高度知識化は進んだ。いわば大衆が知識の生産、加工、消費、の主役となった。限られた数のマスコミのチャネルだけでは、流しきれない人々の情報発信の意欲に火が灯ったのである。

四　情報化による分極化

1　二一世紀に情報化がもたらした不安

経済は二〇世紀前半の重厚長大型産業の隆盛から後半には軽薄短小へと向かった。そして二一世紀は

ＩＴの普及から知識社会へ移っている。ただ、これまで知識について語られたものは、一種の近代科学の応用による経済的厚生の拡大に注目が集まっていた。

知識「社会」という観点からすれば、経済だけではなく、社会の変容について見据えることが必要であろう。ドラッカーは『断絶の時代――来るべき知識社会の構想』において知識階層と、非知識階層の分断を予見していた。しかし現代において知識活動を担っているのは、中間大衆である。二〇世紀の先進諸国の繁栄は、中間大衆が生産と消費の主役となったことによる。また、オルテガは二〇世紀の社会にみられた大衆性について警告をした。オルテガは大衆が跋扈することにより、社会が停滞すると考えた［オルテガ、一九九五］。しかし、オルテガの診断に反して、二〇世紀は大衆によって栄えた文明であった。

一方、二〇世紀から二一世紀にかけての社会状況には、様々な注目すべきものがある。この中間大衆は商工業および情報産業の担い手ではあったものの、低成長経済に入ると次第に貧富の格差が拡大したのである。これは、大きな転換といわなければいけない。さらに、南北問題に目をやれば、二一世紀初頭の国際情勢は、巨大な貧富の格差が生じ、政治的不安定のなかにいるのである。

ドラッカーが予見したような断絶が今始まっているのかもしれない。情報化による効率化と収穫逓増の法則によって、先進国においてもデフレが懸念されている。そのなかで、中間大衆が没落しているのである。欧州においても、近年、極右政党が支持を伸ばしている。その主要な主張は、移民の排斥とナショナリズムの高揚である。これが支持されているのは、中間層が社会の底辺においやられている不安のあらわれとみることができる。

日本においても、生活が苦しいという層が増えている［過労死連絡会のホームページ参照］。二〇〇一年においては、日本で経済苦・生活苦が理由とみられる自殺者が増えた。年間自殺者は警察庁が統計をとり始めた一九七八年から九七年までは、二万〜二万五千人程度で推移していたが、九八年以降は、三万人を上回っている。そのなかでも経済苦・生活苦を原因とする自殺者は、二〇〇一年に六八〇〇人余となり、九七年のそれの倍近くに増加したのである。日本も貧富の格差は現れている。

情報化の進展は、グローバリゼーションを加速し、それが旧来、「一億総中流」とも表現された日本社会を階層化させている。

2 消費の情報化

そして、現代人の消費も、先進国においては、生活上欠くべからざるものはすでに充足され、社会的な意味が高い消費に比重が高まっている。つまり、より高級な車、別荘、娯楽サービスなどである。その社会的な意味はどこからもたらされるのだろうか。他人からの視線を意識せずに人は生きていけない。絶え間なく発信される情報と流行によって喚起される欲求に従属するのだ［見田、一九九六］。工業化によって人間は機械への従属を余儀なくされたと同じように、現代では情報化による情報への従属が人間の存在に無力感を漂わせている。広告によるモード、流行への過敏ともいえる反応をみるにつけ、いったい自分は、何が欲しいのか、何になりたいのか、という疑問もにじませては、消し続ける。自分は、何にでもなれるようでいて、何にもなれない。それが、現代人の苦悩である。現代人は、絶え間ない存在の不安にさいなまれることになる。情報に従属する消費者の不安は無視できない。

この不安は、知識の再編としてのコミュニケーションの過程の確立によって解消されるだろう。言葉を替えていえば、知識生産への参加権の確立が求められるのだ。

3 漠然とした不安感

若者がネットで共同自殺者を募り、数名で自殺をとげるという現象が起きている。自分の命でさえ軽く受け止められていることが想像できる事件である。ざっと思いつくだけでも、現在私たちは以下のような危機に直面している。

- 国際紛争、テロの頻発、治安の悪化
- 先進国における失業の増加、社会の動揺、二極化、安心あるいは信頼感の低下
- 政府（議会、行政）の信頼感の失墜
- 麻薬・覚醒剤などの広がり

これらは、経済成長が低調であり、その結果としてしわ寄せがいろいろなところに噴出しているとみることもできよう。しかし、地球温暖化と資源制約の問題や国際紛争の根本原因の一つである南北格差の拡大は、これ以上の経済成長への路線の限界を意味している［見田、一九九六］。ならば、このような危機、あるいは退廃は、今後ますます広まっていくという危険性もありうる。情報化の発展段階において、中間大衆は、没落しつつあるのかもしれない。だとすれば知識社会においてそれらはどう救われる

のであろうか。それともそれは放置されるものなのだろうか。

ここで挙げた課題は、単独で存在する問題というよりは、多くが複雑に絡まりあっているものである。その原因の一端を担うのは知識社会を担う大衆自身でもある。次節では、知識経済の矛盾について述べる。

五　知識経済の矛盾

1　情報化による果てしない競争

知識産業、あるいは知識経済は、すでに出現している。今後さらにその傾向は強まることが予想される。

その基盤となっているのは情報技術であり、情報化された社会である。同時に情報・交通技術の飛躍的進歩によって、経済のグローバリゼーションが起きている。技術革新に対応できない企業は淘汰され、雇用をなくしていく。ここに、世界一を目指したコアコンピタンス（中核としての競争力）をめぐっての果てしない競争が続いていくのである。そのような状況で、個人のレベルでは、それぞれの才能を生かしていくことになろう。その結果、果てしない競争に勝てるのはおそらくごく少数の者と思われるが、その他の多くの敗者（これが大多数の人々であるが）は、どのように生活を営むことができるのだろうか。とりたてて才能のない人間は、その生存の権利を主張できるのであろうか。

ドラッカーは先の『断絶の時代』のなかで、高度な教育を受ける機会が良い職を得る条件となり、必要な教育の程度はさらに高まるので、今後は、子弟に教育を受ける機会のある富裕な層と、それができない層が断絶するという。この説はあたっていたところと、あたっていないところがあるようだ。果てしない競争は、われわれの社会を分断するのだろうか、それとも、福音をもたらすのだろうか。多くの者に疲労を与え、少ない勝者を生むだけにみえるのだが。

2　知識社会への適応と不適応

知識を基に競争する社会においては、人々は競争に生き残るためには、適応していかねばならない。したがって、適応という努力によってある程度ところを得た人は、それで満足ということかもしれない。しかし、適応すればそれですべて万事良しというわけではない。どこか、無理を重ねていたり、適応することによって自分が歪められてしまっているという感慨を持ちうる。

ところを得ればまだしも、努力しても不幸にも失業という憂き目にあったりする。新たな技術革新によって、職が奪われ、生活の基盤を喪失するという事態は、枚挙にいとまがない。日本の失業率も近年高まっている。振り返ってみれば、戦後のある時期から、最近に至るまで日本の失業率は低かった。それまでが好調すぎたのかもしれない。日本経済全体の成長のなかで、企業内で人員の配置転換を行うことが可能で、技術革新による失業が顕在しなかった。欧米では、七〇年代から世界的な技術革新の波に乗れず、高失業率にあえいでいた。日本は唯一の例外ともいえ、九〇年代まで雇用問題はそれほど大きくなかったのである。九〇年代後半にいわゆるニューエコノミーによって米国は雇用状況が好転したが、それも現在に至り悪化している。最近では、世界同時デフレの懸念もあり、いっそう厳しい情勢だ。適応しようとしても、失業の危機は大きな問題だ。

さらに、このような社会に適応ができず、「引きこもり」や「自殺」といった良くない事態も社会に増殖している。どこかしら、伸び伸び暮らせないという、「生き辛さ」を現代人は感じているのではないか。

伸び伸びできないという一つ原因は、今の社会では人間が主体性を自覚できないでいることにある。人間が知識を吸収することを余儀なくされ、外界で生産される知識によってその運命が決められてしまうという受動的な存在として落とし込められ、封じ込められている。それが知識社会の呪縛なのである。「本当の自分探し」というのは、若者だけでなく中高年でもおおいに問題となるところである。ドイツの社会学者ウルリッヒ・ベックは、新しい個人主義について、雇用と教育の制度を前提として、若者は自分自身の将来を設計し、自らを改造していくという見方を披露している。確かに、本当の自分探しは現実の社会制度と切り離しては考えられないだろう。しかし、社会制度のみが彼らの欲求を満足させ、自分の存在を自覚させ得るものではあるまい。

自らの存在をアピールし、認めてもらい、自分の才能をできるだけ発揮し、一生を終わる。それが、人間の本性であることは間違いないであろう。与えられた才能を不完全燃焼で終わらせられるような見えない縛りは、できるだけなくせばよいのである。自分の才能をできるだけ発揮できるような場、選択肢が増えることは、おそらく幸せの度合いを高めるであろう。知識社会がそのような方向に向くことは望ましい。

3　知識体系からの疎外

しかしながら、前から述べているように、知識経済においては、あるいは「単純な知識社会のイメージ」においては、現社会において認められた一定の知識分野において、能力があり、知識水準が高い者が尊ばれる。それでは、才能を認められない人間、知力に乏しい人間、はどうなるのだろうか。「単純な知識社会のイメージ」で思い浮かべられるのは、一種の能力主義の世の中である。しかし、その能力というのが、かなり限定されたところで評価されているのではないか。世の中の発展のために必要な分野やことがらについての貢献が、必ずしも、評価されていないと思うのである。必要な知識を追求する努力がなかなか認められない現象については、後で地雷廃絶や風力発電、薬害防止などの事例を本書でとりあげていく。

また、知的発見を追求する行為である研究は、つねに新規性（サムシング・ニュー）を追い求める。ところが、そこにも気づきにくい障害がある。科学史家の村上陽一郎によれば、何が新規であるかについての判断の前提としては、専門領域に共通の了解事項があり、それを踏まえなければならない。したがって、専門家が了解する仕方に沿ってしか、新たな知識は受け入れられない可能性があるとするのである［村上、一九九四］。こうして研究を行おうとする人は、研究をする前に既存の知識体系を吸収することを強制される。それに精一杯となり、既存の知識体系に押し潰されてしまい、本来自分が追求してみたいことを、どこかに置き忘れてしまうかもしれないのだ。

これらの問題をまとめて、「知識社会によって人間が疎外される」現象と私は考えてみたい。知識社会の疎外の本質は、人が外界で確立されていく「知識」に振り回されている結果、生きる意味が実感されにくくなったと解釈することができる。外部から知識を得ることを強制されることによって、自らの存在は軽いものでしかないと感じられる。しかも世界において非常に多くのことに研究が進められており、その知識の壁は厚くて、高い。その頂上を見通すことは容易ではない。そこまでたどり着くのはたいへんな精神力が必要とされる。そこまでいかずとも、働くために必要とされる知識水準が向上している。そしてドラッカーも指摘しているように学校生活が延長されている。それによる青春期の精神的弛緩がみられる。勉強のための勉強、研究のための研究が青少年期に長期にわたって強いられることは、社会における実体験の少なさともあいまって、自分のしたいことを見失わせる。

知識水準が高まる社会においては、自分の存在の意味の実感が難しいことが予想される。その問題を解消するには、どうしたらよいか。人間の知識体系のなかに、実生活で感じられることがらを組み入れる。それによってその問題を克服することが、一つの道であろう。

ここで具体的にヒントになるのは、村上陽一郎が『科学者とは何か』のなかで述べている「缶ミルクの教訓」のうちにみてとれる［村上、一九九四］。缶ミルクの教訓とは、アメリカの食品会社がアフリカの子供たちに缶ミルクを安価に提供したキャンペーンに関する悲劇にまつわるものである。アメリカの食品会社は、善意によって、貧しいアフリカの母親に安価で缶ミルクを配布した。しかし、悲劇だったのは、哺乳瓶で飲ませるミルクは、常に哺乳瓶を清潔にしておかなければいけないのだが、アフリカのその地方には清潔な水がなかった。そのため、粉ミルクがこびりついた哺乳瓶には細菌が繁殖し、それを飲んだ赤ちゃんがかえって、消化器系の感染症で死亡してしまったのだった。この悲劇について村上は、アフリカの現地の事情を知らずに、自分たちの常識と狭い領域のなかに閉鎖的に閉じ込められた科学的判断だけから、缶ミルクによって、アフリカの飢餓を救えると思い込んだアメリカの食品会社やそのキャンペーンに賛同した人々の間に総合的な推理と洞察とが欠けていたと解釈している［同、一九九四］。村上は、いくつかの領域での基礎的な知識を持ち、統合する、健全な推理力、予測力を備えた人間がいたならば、この悲劇は救えたかもしれないのであるとする。村上のこの議論は日本の、各種公害、薬害、化学物質汚染などの場合にもあてはまると思われる。のみならず、多くのわれわれの社会に広がるリスクにも適用できる教訓だと思う。

缶ミルクを安価に配るのは善意だとしても、アフリカの赤ちゃんをめぐる食生活の状況に関する知識が必要であったのである。そして、缶ミルクを安価に配るというキャンペーンを行うということと組み合わせて、ありうべき危険な結果を予測するということが、望まれた。知識の断片を適切に組み合わせて、それを行うことが望まれたのである。

そして、村上は、多様な知識の組み合わせが必要であり、それはノーベル賞のようなある狭い領域のなかでピアレビューを受けられるような、研究者の行う知識生産とは違うということを述べている。そこで必要とされるのは、多くの一見関係なさそうな領域におけるごく普通の知識に立脚し、そこからありうべき未来についての判断をしてみせるということなのである。私は、村上の議論に賛同する。そして、本書では、知識の組み合わせをいかに適切に図ることが必要かという点を深めていきたい。それは、いかにそのような仕方で知識が生産されることが有用であるか、ということとともに、そのような知識の組み合わせが可能である社会とはどのようなものであるかについて思いをめぐらせることでもある。そして、知識の組み合わせのなかに自らの体験や知識が組み込まれることによって、より人間は生きる意味の確かさを確認できるのである。

ジャック・エリュールは名著『技術社会』［一九七五］において、技術はことがらを数値に分解し、数値の高いもの（効率のよいもの）を必ず選択するようにして自己増殖していく。そして、技術は人間を支配するようになると書いた。技術を知識と置き換えることが仮に許されるならば、知識によって人間が支配されることもありうるだろう。

人間が生きる実感を喪失させる一つの原因となるのは、外部で確立された知識に従うことを強制されていることにある。それに不承不承従い勉強するふりをしながら、本当は知識を得ようとせず、自分のしたいことを見失いながらも、何とか体面を保つために、わずかばかりに得た知識を盾にして、いっぱしの資格者と称して、お金を稼いでいる。それが、ドラッカーの言うところのいわゆるテクノロジスト——知識社会を担う労働者——の影の姿であるのかもしれない。

4　理論知と経験知

知識の適切な組み合わせが必要であるということを述べた。また、知識体系の習得に適応できる人間と適応できない人間がいて、適応できる人間でさえ、その知識体系の習得に圧倒されて、自分の行いた い知的探求ができないかもしれない可能性について述べた。

それでは、いかに科学者や技術者ではない、市井の人が知識の組み合わせに参加できるのか。

知識が生活や雇用に及ぼす影響はさまざまである。今まではひとからげに知識といってきたが、ここで知識の性質の違いについて触れておきたい。ダニエル・ベルは、『知識社会の衝撃』のなかで、知識を大きく理論知と経験知とに区分している。自然科学およびそれを応用した技術に基づくのが理論知であり、人々の生活に根ざしたものが経験知である。経験は個人的なものや地域に特有なものである。理論知とそれを応用した技術の普及によって、それをもたない民衆あるいは市民は、不利な立場に追い込まれかねないという不安をもっている。理論知は極めて強固な特性をもつことに格別の注意が必要である。理論知に基づく技術革新は、後で詳しく触れるが、一般には新規の産業を興し、雇用を増やすと思われている。しかし、技術革新は省力化を目指すものであることもあり、構造的に人間を労働の場から切り離す作用をもつことにも注意しなければならない。

理論知は強力であるのだが、実は大きな制約もある。これに対して、智恵や地域知が重要であるという意見があることを、ここで強調しておきたい。これは缶ミルクの教訓で述べたことである。

科学は、限定された条件の下で、抽象的な知識をもたらす。しかし、智恵や地域についての知識という次元では、無力であることがある。アフリカの貧しい地域の赤ちゃんを取り巻く生活様式を理解するのには、理論では十分ではない。現場の様子が分からなければいけなかった。

したがって、市民のもつ智恵や地域知を、科学技術の専門家が市民から学ぶというのは、一つの有用なパターンだと指摘できうるのだ。そして、現状では科学技術の専門家が、社会とのかかわりにかなり無頓着に養成されていることを正すべきとする論者もいる［小林、二〇〇二］。社会とのかかわりを十分意識したうえで、科学技術の専門家が育成されるべきであろう。

理論知はいわば知的エリートが苦吟のすえ編み出す普遍の知識である。しかし、それは、前提となる枠組みのなかだけでしかその神通力はないであろう。経験知は、場所により、置かれた立場により異なるのである。人間の数だけ、そのバラエティに富んでいるものと思われる。本節の結論は、知識の適切な組み合わせを実現するという際に、知識が理論知と経験知とに大括りできるとすれば、一般の人間のもつ経験知を存分に働かせて、理論知と組み合わせるという仕方があり、それは知識社会にありがちな疎外を克服するうえでの好ましい選択肢の一つといえるのである。

六　知識社会の展望

知識社会においては、社会の変化が常態化する。しばしば、「単純な知識社会のイメージ」においては、それにうまく対応することのみがクローズアップされる。その重要性は否定しないが、それとともに、変化が起きることを前提としつつ、さらに以下のことがらを主張したい。

知識社会における疎外で述べた生きづらさの克服は、知識を追求する仕方を変えることによって実現できるかも知れない。たとえば、知識を生産するあり方に、大衆がかかわることができるようにすることによって、自分自身の存在価値をより感じることができるようになる。それによって、疎外から免れることができるのである。

1　知識経済の矛盾再考

企業は現在、研究開発を進め、特許をはじめとする工業所有権あるいは著作権を得て、独占的な利益を上げようとしている。そして、そのような知的所有権を保護する法律の強化が図られている。これは知識の専有機会を増やすことを意味しており、そのなかで利潤を確保するという仕組みになっている。確かにある程度確実な利潤を得られるという見込みがなければ、研究開発にそれほど資金を投入しない。知的所有権がなければ、それをただ乗りで使うということは火を見るよりも明らかである。知的所有権制度の確立は、先駆者の努力に報いるというために、そしてその新しいものを発明するという努力をするインセンティブとして重要である。したがって、科学技術レベルの高さや効率的な経営の恩恵を受けている我々消費者も一定の金額を払うべきなのである。それが、知識経済の主要な成長動機である。

しかしながら、ここで私は、そのような制度のもとで繰り広げられる研究開発にいささかの歪みがあることを主張したい。知的所有権制度について強化一点張りではなく、むしろある程度制限することさえ考えるべきではないかと思うのである。

本質的には知識は、いわゆるソフトであるから、排他的に所有するということはむしろ不自然である。

むしろ、多くの人に共有されてこそ生きてくるものである。多くの人に使われて磨きがかかり、より良いものになる。

一例を紹介したい。『日本経済新聞』のコラムに記された眼科医の赤星隆幸氏が手がける白内障手術についてである［日本経済新聞、二〇〇三］。赤星氏は、目の水晶体が濁ってみえなくなる白内障を治療する手術の最先端にいる。二〇〇二年には、五〇〇〇余件の白内障手術を行った。国内外から講演や公開手術の要請も多く受けている。八〇年代に米国で開発された手術法に赤星氏は次々と画期的な改良を加えた。その改良には装置の考案も含まれている。それらの新方法を米国の学会で発表してきた。赤星氏は特許はとらず、公開主義に徹している。特許をとれば巨額の使用料が入るはずだと新聞は書いている。特許をとらずに公開する理由を赤星氏は言う。「地球上の一人でも多くの人の白内障を治したいからです」。

この例を紹介したのは、赤星氏のヒューマニズムが感動的であるとともに、それに加えて、知識生産は公開で行うことがより効率を生むということの例示であるからだ。つまり、赤星氏の考案は、もとをたどれば米国で開発された方法を基礎にしている。それを、赤星氏はさらに進歩させたのである。それを学会で発表しているのは、赤星氏の考案が普及するとともに、他者も情報を公開することが期待され、お互いに情報交換することによってさらに優れた技術の進歩につながるという良いメカニズムが働いているからだと推察することができる。公開互恵主義ともいえるこうした仕方は、古くからあるアカデミズムの伝統である。医療という確立された専門職業において、特にこのような仕組みは働きやすいとはいえるかもしれない。しかし、このような形で新たな知識が発展させられることも事実なのである。

こう考えると、いわゆる知識経済で強調される、知識を一部の人に専有させることは、むしろ知識の本質に照らして、適当ではないかもしれない。もちろん、特許等によって、発明者に経済的利益を与えることで、発明を促進していくことは有益である。しかし、人類の知識はそれだけに局限されるものではない。より多くの人に共有できる知識を増やすことが理にかなっている。こう考えると知識社会の知識は、個人、企業の私的利益の追求だけを主な利用の場としないほうがよい。知識は公有されることも重要である。むしろ、非営利の分野における「共有された知」の増加を期待したい。コモンズ（共有地）の場合と違ってそこには、草を食む羊が増加しても悲劇は起こらない。

最初に述べたように知識は、それを信じる主体の存在が前提となる。主体によって、同じ知識に対しても、そのとらえ方は少しずつ違ってくることが考えられる。主体間で、少しずつ違う知識を混交させることによって、知識を発達させることができる。知識の変化によっても世界は変わる。知識や環境の変化に対して柔軟に対応できような社会を築くことが重要である。**個人は、知識社会につながることと、柔軟に対応することで生き延びられる**［ドラッカー、二〇〇二］。**企業は、その寿命を縮めている。国家は、その役割が無限定であるとはもはや考えられない。**そこでは国家の役割の見直しと、相対的に小規模な人間集団の力の向上がみてとれるのである。

2　人間の主体性の復活

人間の主体性は、知識を受容するだけの存在から脱却するときに回復される。それが、達成できるのは、自らが公共的なことがらや社会から求められることを請け負い、あるいは、望ましい社会をつくることについて自ら働きかけができるようになったときである。

将来、人間はますます複数の価値集団のなかで活動するようになることが予見される。一つは生活の糧を得るため、一つは本当の自分を生かすためである。そのなかに公共性という役割は確実にあり、それは本来競争とは無縁で、自分の得意なところを他人と協調して行うことに神髄がある。家庭、学校、NPO、仲間うち、企業、政府、etcなどの複数の集団に属する人が増えている。二枚の名刺という現象には最近いろいろな場面で遭遇する。二枚の名刺とは、哲学者である桑子敏雄が着目した現象である。ここでは小林傳司の本、『公共のための科学技術』のなかの引用を用いて一節を紹介する。「企業に勤めているひとがNPOの名刺を別にもっていて、社会にかかわる活動をしていたりする。同じことは、役所のひとについても言うことができる。……つまり、(従来公共性を担うとされてきた役所の人が、役所という) 公共性を担う組織や制度とは別のところに身を置いて、(別種の) 公共的な活動をする。このことは……新しい公共性に考え方が移りつつあることを示している」[桑子、二〇〇一] [小林編、二〇〇二]。

これは、確かに公共性が移っていることの例である。と同時に、これは私の解釈であるが、別の空間で働けるということ、これこそが本当の自由を意味している。つまり、仕事という束縛を離れて、自分の楽しみを追求し、自分が認められるという満足を得ることを掣肘されずに行えること、これが価値であり、真の自由だと私は考える。

このような現象は、価値の多元化を導く。多元的な価値を創造し、選択する主役に市民がなる。そして、価値の多元化に照らして、政府、企業、ＮＰＯなどの活動の目的の再確認が迫られる。そうした価値の創造と選択と諸組織の活動の再確認を行う新たな社会のルールの再編が求められる。知識社会においては、そのルールの再編の過程と方法が重要なのである。

3　プチ専門家症候群

教育が普及し、情報化が進んだ現代において、知識を生産し、伝え、消費する主役は、実は大衆である。今日においては、大衆は、およそ何かしらの専門的知識を備えている。その知識の普遍性については、違いがあるであろう。しかし、一介のサラリーマンといえども、その企業において自己の担当の仕事をしている限りでは、他のどんな人も及ばない知識をもっているはずなのである。その意味で、大衆が専門家化しているといえるだろう。専門家と呼ばれるほど、それらの人に自覚がないとしても、専門性は否定できない。それを否定してしまえば、それらの人は存在理由がないのである。大衆はいわば、「プチ専門家」となっている。*

＊ プチという語は、フランス語の Petit（小さい、若い、幼い、規模の小さいなどという意味の形容詞）を用いたものである。日本語としては、「小規模の、本格的ではなく」というような意味で名詞を修飾する俗語として、最近、多用されている。プチ家出、プチ整形、プチ断食、プッチモニ（モーニング娘）、プチホテル、プチバッグ、プチドリル（学習書）などの用例がある。これを社会科学の分野で最近用いた書物は、香山リカ『ぷちナショナリズム症候群』である。この本は、最近の若者の「ぷちなしょ」な傾向をたいへん切れのある

論じ方をしている。まことに軽妙な題をつけられた香山氏に敬意を表しつつ、本書の副題をこの著作からヒントを得てつけた。それ以前にも書物の題名としてプチを用いる例はあり、秋山和国『プチエゴイスト』、佐藤雅彦『プチ哲学』などがある。ちなみに社会科学の分野では、戦後の左翼的思想のなかで「プチ・ブル（ブルジョワジー）」という言葉が、ある程度の財産をもった小市民的な保守派層という意味を指して使われていた。もとより、頻繁に使われるフランス語の形容詞であるため、日本語としても用いられる頻度は高いと思われる。

新たな社会のルールを再編するため、自らの状況と社会全体の状況を照らして、自らの知識を正し、また、その自覚をもって社会全体のあり方を正すための問いかけをすることが求められる。第四章でとりあげる薬害防止システムなどは、その例となるシステムである。しかし、実際にはなかなかそのようには動かない。今まで述べてきたように、個人の思いが実現しないような社会のシステムが悪いということもある。しかし、同時に知識社会において大きな問題となっているのは、知識社会の主役たる大衆が、まさに大衆的性格を有していることにある。根本的な問題は、技術と知識を扱っている大衆自身が、ときに知識を扱うことに盲目的であり、そのことに無反省なことでもある。

いまや大衆が専門知識をもっている。その人々がもし、自らの専門領域による局所的な目的の達成にのみに邁進し、全体として状況が良くなるかどうかという観点から自らの領域の追求する目的の正当性について省みることをしないならば、知識の「正しさ」は疑わしいものになる。そうした責任を引き受けることにいささかも関心をもたない人が多くなれば、社会は矛盾を多く抱えることになるだろう。他人や外部から要請されたことを、ひたすら専門知識を用いて対処し、それだけですべてこと足れりと感じ、内輪以外の他の世間とのかかわりについて一切思いをいたさないということがあるならば、それを「プチ専門家症候群」と呼ぼう。知識社会は知識をもつ人々一人一人の自覚が問われる社会になる。

かつて大学が内部から批判されたことがあった。大学の先生も批判の対象となった。大学の先生が大衆化し、知識人としてのもつべき精神を失ったという批判であった。時代が下り、今やさらにその傾向は徹底された。本書の主張は、いまや大衆たる市民が知識を得て、知識人になっているという見方をとることにある。かつて嘆かれた知識人の大衆化にとどまらず、いまや大衆が知識人化したとみる。そして、先進国ではほとんどすべての人が知識を得、生産し、消費することを半ば日常としており、社会全体に漂う精神に知識にまつわる影響が色濃く表れているとみるのである。すなわち、知識体系からの疎外であり、知識社会全体を見通すことができず、細分化された知識だけを持って生活せざるをえないことに由来する様々な問題である。

知識社会のなかで生きていくには、長期の学習と研究が必要となる。学習と研究は往々にしてそれ自体が自己目的化する。その自己目的化が徹底すると、プチ専門家症候群に陥りやすい。勉強のための勉強、研究のための研究、競争のための競争を自己目的化し、無自覚に行い、それを当然だと思う心象が蔓延しかねない。組織はとくに、従業員にノルマを課す。目の前に人参をぶら下げられて「競争のための競争」をしている場合がある。そのことは、やる気を引き出すこともあろう。しかし、多くのことがさらに知識が蓄えられ、専門性が高まっている現在、その領域だけで閉じこもって競争することは、領域内での最適化、最先端化をひたすら自己目的として行うことに通じる。それが社会の他の領域にどのような影響があるかは、思いもよらないのだ。

プチ専門家症候群の特徴

- 勉強のための勉強、研究のための研究を行い、それについて省みないこと。
- 専門的知識を持つことによって、社会に対して負うべき責任があることを自覚しようとしない。
- 専門領域に埋没し、その領域の追求する目的の正当性について省みない。
- 部分的最適解を求めることのみに専心し、全体的な問題について考えない。
- 根源的、本質的な問題に向き合おうとせず、どこからか仕入れてきた断片的な知識を用いてその場しのぎの対応をし、そのことに無反省なこと。

知識社会の問題を克服するためには、そうした個人の自覚も求められる。ところが何かわからないことや、根本的なことがらを疑問に付さずに済ませてしまうことは無数にみられる。そのようなことに気を遣う者に対しては、かえって、したり顔で軽蔑しさえするのが、世故に長《た》けた知識人のすることである。知識人がオルテガが忌みきらった大衆性をもって、うすら笑いを浮かべるなら、人間は自滅の道を歩んでいるのである。

ここまでみてきたように知識を生産する仕方は、変わってきている。そして、これまでの仕方で良いとは、いえない。知識を追求する仕方を、より柔軟に、より多彩にして、知識の組み合わせをより豊かにしていくことが必要である。それには、大衆が知識を得てプチ専門家となっていくに際して、専門領域の知識の習得にまつわる問題を解消していくことが必要である。また、そうした知識を伝授する「教育」のあり方も考えるべき点がある。

後の第二章、第三章では専門的知識を備えた多くの人々が社会の秩序形成により大きな影響力をもっていくことを述べる。他方、専門的知識をもった人々が抱える構造的な問題の解消を考えなければならない。そしてまたとくに専門的知識をもたない人々は、どのように社会と関わることになるのかといった点にも触れていきたい。

引用文献等

伊藤和良［二〇〇二］『スウェーデンの分権社会』新評論。

エリュール、ジャック／島尾永康、竹岡敬温、鳥巣美知郎、倉橋重史訳［一九七五］『エリュール著作集　技術社会（上）』すぐ書房、一二三〜二一七頁。原典 Jacques Ellul, *Technological Society*, 1964（アメリカ版), 1954（初版)。

オルテガ・イ・ガセット／神吉敬三訳［一九九五］『大衆の反逆』ちくま学芸文庫。原典 Jose Ortega y. Gasset, *La Rebelion de Las Masas*, 1930.

香山リカ［二〇〇二］『ぷちナショナリズム症候群』中央公論新社。

過労死連絡会のホームページ。http,//homepage2.nifty.com/karousirenrakukai/11-0207=saishin-joho0207htm.htm

ギデンズ、アンソニー／佐和隆光訳［一九九九］『第三の道』日本経済新聞社、九三〜九五頁。原典 Anthony Giddens, *The Third Way*, 1998.

桑子敏雄［二〇〇一］『新しい哲学への冒険』ＮＨＫ出版。

小林傳司［二〇〇二］「科学コミュニケーション」金森修、中島秀人編著『科学論の現在』勁草書房、一四五頁。

小林傳司編［二〇〇二］『公共のための科学技術』玉川大学出版会、一七八～一七九頁。

佐和隆光［二〇〇二］『資本主義は何処へ行く』ＮＴＴ出版。

杉山公造、永田晃也、下嶋篤編著［二〇〇二］『ナレッジサイエンス』紀伊国屋書店。

竹内啓［一九九五］『高度技術社会と人間』岩波書店。

ドラッカー、ピーター／林雄二郎訳［一九六九］『断絶の時代――来るべき知識社会の構想』ダイヤモンド社。

原典 Peter Drucker, *The Age of the Discontinuity*, 1969.

ドラッカー、ピーター／上田惇生訳［一九九九］『明日を支配するもの』ダイヤモンド社。原典 Peter Drucker, *Management Challenges for the 21st Century*, 1999.

ドラッカー、ピーター／上田惇生訳［二〇〇二］『ネクスト・ソサエティ』ダイヤモンド社。

中岡哲郎［一九九〇］『人間と技術の文明論』ＮＨＫ出版。

『日本経済新聞』［二〇〇三］赤星隆幸氏「甦れニッポン人」三月二四日夕刊一面。

パッペンハイム、フリッツ／粟田賢三訳［一九六〇］『近代人の疎外』岩波新書。

広井良典［二〇〇一］『定常型社会』岩波新書。

ベル、ダニエル／山崎正和他訳［一九九五］『知識社会の衝撃』ＴＢＳブリタニカ。

マンフォード、ルイス／生田勉、木原武一訳［一九七三］『権力のペンタゴン』河出書房新社。原典 Lewis Mumford, *The Pentagon of Power: The Myth of the Machine*, 1970.

見田宗介［一九九六］『現代社会の理論』岩波新書。

宮本一子［二〇〇二］『内部告発の時代』花伝社。

村上陽一郎［一九九四］『科学者とは何か』新潮選書、一五三～一五六頁。

第二章　国家の機能低下と市民の発言力の高まり

二〇世紀においては、国家が政治権力を高めた。そしてさまざまな政治決定において専門性が高まるに従い、専門家の影響力が高まった。政府が政治的決定を行う際には、専門家の意見を聞きながら行うという、テクノクラシーが高度に発達した。しかし、今や国家の政治的機能は低下を余儀なくされている。そしてわれわれの行動・生活の基礎となる社会的ルールにも変化がみえている。社会的ルールはわれわれの知識の一種の前提条件である。

国家は知識の前提となるルールを形成するのに独占的な役割をもはや果たせなくなった。知識にたがをはめていた国家の力が弱まったのである。本章では、国家権力と専門的知識が結びついた複合体制が綻んでいることを述べる。そして国家の政治的機能の低下とあいまって、端的には国際世論の形成において新たなアクターとして市民組織が台頭していることを述べる。地雷廃絶条約制定や世界貿易機関（WTO）への反対運動など国際的な問題について、市民組織は大きな力を発揮した。市民組織はそのような活動を行ううえで専門的知識を蓄えるようになった。国家という知識に対するたがが緩み、新たな知識生産のしかたが芽生えてきている。

一　国家の政治機能の低下

本節では社会のなかの知識のもとであるルールづくりが国家の独占物ではなくなりつつあり、国家が画していた知識生産に対するたがが、緩みつつあるという観点から国家の政治機能の低下を論じる。

今日、先進国の政府に対する不満は著しい。民主主義的国家は、硬直的政治システムに堕した。日本の場合には、政財官の三角形のバランスをとるあまり、問題解決に足踏みをしているようである。そして、それにぶらさがっている利害関係者が多い。米国でも軍、産、政、学の複合利益共同体があり、パワーエリートによる意思決定のなかで、個人の政治的有効感の喪失傾向がみられる。最近、民主主義そのものに対する懐疑も露になっている［長谷川、二〇〇一］。総じて先進国政府の機動力の低下は著しい。

それはいくつかの原因による。あまりにも多くのことを抱え込むようになった政府は動きがとれない。たとえば、ＷＴＯによる貿易自由化交渉ということをとっても、政府は自国の産業の状況によって、自由化と保護を使い分けている。個人も消費者として貿易自由化によって商品の価格が低下する恩恵を被る反面、労働者やホワイトカラーは絶えず失業の不安にさらされる危険を察知して、ＷＴＯに対して抗議の行動を起こしている。利害が相互に絡み合っていることによって、政府は身動きがとれないということがある。

松井孝治参院議員は日本の政策形成状況について以下のように語る［松井、二〇〇三］。行政のあらゆる部局が利害関係者の意見を聴いたうえで政策立案し、さらに、複雑な手続きを経て、与党の了承を経て、国会審議がなされるというプロセスにおいては、国会では審議もままならず、対抗的な政策案を出す余地も乏しいというのである。

コンセンサス方式をとることが多い日本においては、一般に政治的決定に遅さがみられるようである。国は基本的にすべてのケースをなるべく平等に扱うことを要請されることが一因となり、おしなべて政府は構造的に対応速度が著しく遅くなっている。この事態は、情報化が進み、世の中の変化が速くなるに対して対照的である。

政府は、過去からの政策と現在の政策がある程度整合的であることが求められる。急にルールを根本から変えるのはとりわけ官僚には難しい。こうして各官庁では、自らの領域内においては部分最適を図るが、国全体の政治状況の最適化を図ることはできないのだ。ましてや近年、「国の政府は世界的な大きなことを解決するにはあまりに小さく、身近な問題を解決するにはあまりに大きい」と揶揄されるように、急に政府の身の丈が、問題のサイズに合わなくなっている事態に直面している。

従来の政策は、それなりの理由があって存在していたものである。それを変更することには理屈づけがいる。そこには、既存の利害関係から脱却し、既存の思考体系から離脱し、新しい制度構想の正当性を得ることが必要であるが、それが容易には認められない難しさがある。

加えて日本の政府においては、国会議員ですら二世議員が増えている。政府官僚は内部昇進のため流動性に乏しく、先例主義もしくは彼らの従来の体験のなかからしかアイデアが出ないという閉鎖性があるとみることもできる。政策科学の分野においても、現実の政策決定は、前年の政策や予算を基準として、どれだけ状況の変化に応じて予算などを増やしたり、減らしたりするかという漸増モデルによって記述の可能性が高いとみられる［宮川、一九九四］。しかし、同時に「このモデルは政策決定の規範的モデルとしてはあまりにも保守的な性格が強いものである」と言われる。総じて既存知識体系からの脱却のハードルが高いのである。

二　専門的政治課題の解決

1　専門的知見の必要

近年の政治的問題は専門的知見を必要とすることがまことに多くなっている。金融、財政、外交、福祉・年金、医療、環境、エネルギーなど、あらゆる分野で高度な自然科学や工学、そして幅広い政治、法律、行政等の知見が必要とされる。上記のどの分野についても、政治問題についての新聞あるいはテレビのニュースは、専門的知識をもっていなければわからないようなものか、さもなければ、娯楽番組と大差ないようなセンセーショナルな話題提供に終始している。近年まで、専門的知見をもって解決しなければならないということそれ自身が政府の権力の源泉であった。つまり、中央官庁だけに集中する情報をもって、決定を行うことができたのである。

専門技術性が絡むことがらは、専門的な見地からの自然的、社会的状況の調査が行われ、専門家が具申する意見を聴いて政府が決定するのだから合理的、と一見みえる。

2　意思決定の専門家への依存の問題

政策自体に専門性が高まったことによって、当然、政策決定における専門的知識が重要になった。しかし、政府が技術的専門性を用いて決定するということ自体が、政治的な問題と化している。例えば、政府の都市計画に関する決定がたとえ専門的合理性があるとしても、それだけでは住民を納得させられずに、政府と住民との間で対立が起きたのだ［Nelkin, 1977］。すでに一九六〇年代から世界的に、都市における工場、ごみ処理場、原子力発電所の立地をめぐって政府の計画に反対の声が上がっている。日本では七〇年代における成田空港の問題がいまなお鮮烈である。ましてや、決定の合理性や手続きに問題がある場合はなおさらである。

第二次大戦後の復興が一息つくと、六〇年代末には公害問題、農薬による自然破壊、酸性雨、資源環境制約、薬害などが噴出した。七〇年代には遺伝子操作への危惧、スリーマイルアイランド原子力発電所の事故が起きた。オゾン層の破壊、地球温暖化が世界的な政治的アジェンダにもなった。これらは、一部の専門家の見解だけでは問題が収拾しない。専門家の間における見解の違いも露呈されたのだ。最近、政府レベルでの問題解決が難しくなっているのは、これら専門的合理性が疑われだしたことも一つの原因といえる。

すでに一〇年以上前になるが総合研究開発機構においても、『科学、技術、文化と発展に関する研究』

と題する報告書のなかで、大要以下のように指摘している［ＮＩＲＡ、一九九二］。

意思決定システムに関してますます専門家に依存するようになり、専門家はさらにコンピューターや人工知能システムに依存するようになった。国家は専門家を訓練し、活用したので、ますます国家政策やプログラム形成へ関与する専門家が増えた。国家の専門主義化と政策決定システムにおける専門家の活用には、次のような問題がある。①多様な側面からの協力が必要であるにもかかわらず、専門家はそれぞれの分野の枠組みのなかで問題を調べ、解決策を探る。②専門家による政策決定は人間的要素を排除している。③専門家の間で意見が相違している。決定の仕方が問題となっている。④専門家への依存の高まりにより、政策決定が非民主的になる。

これについて具体的例示と私見を補足しておく。

第一の専門家の分野への特化についてはますます深まっている。ただし、この点については問題が自覚されてきている。分野横断的な議論が政策決定に必要だということはかなり共通の認識があるのだが、最大の問題は領域によって、言葉や考え方がそもそも違うという事態である。

第二の人間的要素の排除については、政策決定過程に政策の対象となる人の意見を組み込むことが課題である。それが本書の趣旨でもある。地球温暖化はその典型であろう。将来の世代に影響が及ぶことについて、誰が将来世代の代弁者となるのかという大きな問題がある。

第三の、専門家の間での意見の相違は、近年のダイオキシン汚染野菜や薬害エイズやＢＳＥ（牛海綿状脳症。いわゆる狂牛病）をめぐる騒ぎでよくみられる。これは、危険物質がどこにどれだけ存在するかという前提条件の違いが大きな一つの原因である。

第四の、専門家への依存度の高まりにより非民主的な決定になるというのは、民主主義とはいったい何を指すのかという問いを突きつける。この点については、専門的事項についての決定にいかに民主的な視点を入れるかという政策決定手続きの議論がなされている［NIRA、一九九九］。

PI（public involvement）フォーラムというNPOが日本にある。そのNPOでは、いかに公的（public）な決定に人々を参加（involve）させるかという方法と、異分野間の対話を促進するための媒介者のあり方について議論している。まさに、この課題を解決することが知識社会の実現につながるのであろう。

この専門家と政府が複合体となって行う決定についての問題をはっきり認識させるのは、情報化の進展による政府外部での政治的動き、とりわけ市民団体の政治的活動の高まりである。これは世界で広がっている現象とみられる。ドイツの社会学者ベックの唱える、サブ政治（公式の政治決定機構からみれば下側からの、環境や人権などといった個別なことがらについての自己組織的な政治）というものに関連する。

3　構造化されたパターナリズムへの批判

こうして技術的専門家による決定への批判は高まった。決定の合理性が問われたという場合もあったが、それにもまして決定の仕方や手続きが疑問に付されることが多い。その状況は現在にまで続いている。科学論研究家の米本昌平は、「構造化されたパターナリズム」[米本、一九九八]という言葉によって日本の政治決定システムを特徴づけている。パターナリズム(paternalism)とは、「父権主義的配慮もしくは決定」と訳される。最近では、医療倫理で多く用いられる用語であり、「患者の自律」と対極にある考え方である。専門家である医師が、父親のように専門知識を用いて、患者の一切を慮《おもんぱか》って治療方針を決めるという意味である。言葉本来は、神父と信者、弁護士と依頼人との関係でもある。神父と信者の不平等性に着目してこれを非難するようなものではない。

しかし、パターナリズムという言葉が日本の政治に使われるときは、公共政策の決定において、霞が関の中央官庁が国民、企業を思いやって実質的に全責任と全権限をもって政策を決めるという状態を指す。この一般的なパターナリズムに専門家の知識が結びつくことによって、その決定はより強固なものにみえる。

しかしながら、政策決定に際して開催される審議会において有識者の意見が提言としてまとめられるが、実際には官僚の筋書きに沿って意見がまとめられるということも往々にしてある。例えば、東京大学名誉教授の山本俊一は、自分の務めた厚生省食品衛生調査会元会長の告白の形で、専門家の審議がいかに官僚のシナリオに誘導させられたかを描いている[山本、一九九八]。別の例であるが、第四章に述べる風力発電に関し、新エネルギーの導入目標量の決定に際して、審議会では専門家の意見を尊重したという形をとりながら、実は役所のイニシアチブによって結論づけられていることが明らかになった[木場、西出、二〇〇二]。政府によるパターナリスティックな政策決定スタイルについての批判は増えている。

4　専門知識と権力の複合体の問題解決能力の低下

パターナリズムを成り立たせる前提である、情報の一元集中、そして中央からの指示の形態は大きく崩れてきた。情報は分散化して、事態の流動化を招いている。国の法で定められた組織や伝達系統よりも、「迅速な現場での対応」の方がときに有効であったりする。阪神淡路大震災の救助、復興でボランティアが活躍したことはよく知られている。

また例えば、「高齢化社会への対策」を考えた場合、行政が客観的・科学的に事象をとらえ、一律な基準で公平に対策を講じることは、往々にして遅れが生じたり、かつ、不十分であったりするのである。福祉、患者、伝統・文化、環境などの個別のことがらに関心をもった当事者団体が、地域のなかあるいは情報技術の結びつきのなかで活発化している。したがって、個別的な問題の事情については、これら当事者団体の方がよく知っていることがある。複雑で、特殊な状況への対応には機動性の高いＮＰＯの方が有利であるとも言い得る。

一般市民が知識、情報の所有者、生産者となり、政府を経由しない情報共有の可能性がある。市民団体は解決策を選択できるが、政府は、組織が大きいゆえになかなか選択できないからだ。ＮＰＯは増加し、市民セクターの活力は高まっているようである。

そして社会がより多元的な価値をもち、多彩な集団を抱えるようになっていく。それに対して、第一章三節でみた「情報化」による政府の相対的優位の低下は明らかである。状況の変化が激しいなかで、一般論によらざるをえない政府はときに後追いなのである。

三　市民の国際的連帯による決定

国家という枠を越えて、市民活動が連帯して世界の秩序を変えていくという例もみられる。大国が国際政治を牛耳っていた時代は過去のものとなり、市民活動が大きな発言力を持つ例もみられる。市民社会のグローバルな連携が近年注目されているのである。

地雷廃絶運動やＷＴＯに関する反対運動を例としてとりあげよう。これは、世界レベルで市民が国境を越えて、情報技術を駆使して、情報を収集し、知識を生産して、政府や国際機関に政治的意見を投げかけたのだ。国際政治のアクターとして、市民団体が登場した。このような従来では考えられなかったことが起きている。

国際政治の決定は、いわば世界の秩序を決めることであり、正しさを生み出す源泉である。従来、国の外交によってしか行われず、したがって外部にはみえなかった世界秩序づくりという正統的な決定を行うアクターに市民がなったということができる。国家が、唯一の正しさを決める時代が揺らいでいるといえる。では、どのように市民活動が国際政治に力を発揮したのであろうか。

地雷廃絶運動では市民側は、政府に対抗するため、情報を収集し、計画を練り、諸政府と協調することで条約締結にこぎつけた。一方、WTOに対する反対運動では、多数の参加者による示威行動に出たのである。国際的な市民の連帯によって知識が生産され、それによって国際政治が動くという現状は極めて興味深いことがらだ。

1 地雷廃絶運動

まず、地雷廃絶について目加田説子の読みごたえがある論文を要約して紹介する［目加田、二〇〇一］。近年の地雷廃絶運動の最大の特徴は、オタワ・プロセスと呼ばれる市民グループと政府の独特な協働によって、対人地雷全面禁止条約を短期に成立させたことである。オタワ・プロセスというのは、対人地雷全面禁止条約の締結に意欲的な諸国家と国境を越えた市民社会が先例のない形でかかわった条約交渉過程である。地雷廃絶を主張するNGOが、地雷廃絶条約の世論喚起と情報提供などを行うことで、条約交渉にかかわった。それにより条約交渉過程の透明化・民主化が促進された。オタワ・プロセスは、条約交渉は国家の専権事項という既成概念に風穴を開けたと要約される。

以下、対人地雷禁止条約成立の様子を略述する。対人地雷を全面的に禁止する条約は一九九七年一二月、カナダの首都オタワで締結された。地雷廃絶を目指す少数の国と、国境を越えた市民社会が連携し、国連など既存の枠組みの外で条約交渉を進めた。その実情と成功要因について述べる。

(1) 地球規模問題としての対人地雷

対人地雷が初めて使用されたのは、第一次世界大戦だった。その後、戦争で多用されたが、冷戦後に問題視されるようになったのは、主に内戦で使用された地雷である。米国務省の試算によると、世界六五ヵ国に埋設されている対人地雷の数は約六千万個に及ぶ。年間では二万四千人の被害者が出ており、その多くが非戦闘員である。感染症や出血多量で命を落とすことが多い。地雷は一個三〇〇円程度の簡易なものから、一定の期間後に効力を失う自滅・自己破壊装置付きの三万円前後のものまで値段・種類には幅がある。一九九〇年代初頭、世界では四八ヵ国の企業や政府関連企業が三四〇種類に及ぶ対人地雷を製造していた。

対人地雷の「非人道性」は、被害者は、友軍か敵軍か、戦闘員か一般市民かを区別しないこと、しかも地雷は、敷設後も長期間にわたって潜在的な効力を発揮し続けることにある。これだけの埋設量になると地雷は一種の大量破壊兵器である。

(2) 対人地雷全面禁止条約締結の背景

対人地雷全面禁止条約以前に対人地雷を制限した国際法としては、一九八〇年に締結された特定通常兵器使用禁止・制限条約がある。これは、文民に対して地雷を無差別に使用することを禁じている。しかし、規制は国家間の紛争に限定されている。また探知困難な地雷を禁止していない。近年の紛争の多くは内戦で、しかも地雷のほとんどが探知困難なプラスチック製なのだ。

こうした事態に対応するため、主に欧米の非政府組織が中心となって一九九二年一〇月、国際地雷禁止キャンペーン（International Campaign to Ban Landmines: ICBL）を立ち上げた。交渉過程で、地雷全面禁止に関心を寄せ始めていた数カ国の政府と対話を進めるようになった。その結果、最も積極的なカナダ政府が中心となってオタワ・プロセスが始動した。そして、交渉開始からわずか一年二ヵ月で全面禁止条約が成立した。対人地雷禁止を目指したカナダ、ノルウェー、南アフリカ、ベルギーなどの諸国は、「目標を共有する諸国」と呼ばれた。国際地雷禁止キャンペーンを中心とした世界の市民社会と諸国の連携による条約締結の様子はオタワ・プロセスと呼ばれた。これは、「新たな外交」と呼ばれる画期的なものであった。

(3)　オタワ・プロセスの特徴

以下の二点が特徴として挙げられる。

①交渉に明確な期限を設定したこと

カナダ政府は全面禁止条約を成立させる機運が世界的に盛り上がっていると判断した。カナダ政府は一九九六年にオタワ会議を開催し、「一九九七年一二月」までに対人地雷全面禁止条約を締結するという明確な日程を宣言した。これによって、問題先送り論に終止符が打たれた。

②「最小公約数」的問題解決からの脱却

カナダ政府はオタワ会議に先立ち、各国に「参加資格」という文書を送付した。参加希望する国々は、(1)対人地雷を全面的に禁止するため、可能な限り国際合意の早期実現を目指す、(2)全面禁止を国内でも実施する、という二点に同意を求めた。これにより、できない国を置き去りにしてでも、やる気のある国だけで条約を結ぶ。すなわち、やる気のない国との共通点を模索する「最小公約数」的問題解決から脱却した。志向が似た諸国だけで意欲的な合意を目指したのである。その結果、米国やロシア、中国といった国は今なお条約に参加していない。しかし、日本をはじめ、発効から急速に締約国数は増加している。

(4) 少数の政府と市民団体の連携

オタワ・プロセスが成功した要因は、地雷廃絶を目指す少数の国と、国境を越えた市民社会（グループ）である国際地雷禁止キャンペーンが連携したことである。これは先例がない画期的なことだった。国際地雷禁止キャンペーンは、対人地雷の全面禁止を目標に掲げ、専門家や国際機関との連携を深めながら、各国内においてキャンペーンを繰り広げ、徐々に全面禁止を支持する気運を盛り上げた。それでは、カナダを中心とする少数の国と国際地雷禁止キャンペーンが連携したメリットはどこにあったか。

言うまでもなく多国間条約交渉の主体は国家である。正式な提案を出すことや最終的投票権は主権国家のみに与えられている。したがって、NGOにとって、基本的な目標や価値観を共有する諸国と連携することによって、交渉過程に影響を与えることができるというメリットがあった。一方、政府にとっては、達成すべき政策目標についてNGOと連携・協力することによって、NGOの専門知識や動員力を味方につけることができ、交渉での影響力を増大させることが可能となるというメリットがあった。

このような形で、「目標を共有する諸国」と国際地雷禁止キャンペーンの連携が相乗効果を生むような関係であった。

また、条約交渉過程における情報公開が、世論の関心を高める作用を果たした。オタワ・プロセスでは、密室に閉じこもりがちな交渉過程に国際地雷禁止キャンペーンが参入したことで、交渉に関する情報提供量が飛躍的に拡大し、民意を交渉過程にインプットするチャネルが増大した。国際地雷禁止キャンペーンは交渉会議における総会、作業部会にオブザーバー参加が認められていた。「目標を共有する諸国」のなかには国際地雷禁止キャンペーンのメンバーを政府代表団に加える国もあり、そうした形で交渉に参加した国際地雷禁止キャンペーンのメンバーが情報公開を進める場面もあった。国際地雷禁止キャンペーンは通常の政治的考慮においては十分に示されない情報にアクセスし、それを公開しながら交渉過程に影響を及ぼした。国際地雷禁止キャンペーンはまた、交渉現場で得た情報を幅広く普及・共有することによって、交渉現場だけでなく、世界に点在するNGOや個人を巻き込んで、共通の目標に力を結集するメカニズムをつくり上げた。交渉現場と世論のつながりは、オタワ・プロセスを前進させる重要な駆動力になったと考えられる。

(5)　国際地雷禁止キャンペーンの成功要因

国際地雷禁止キャンペーンの成功要因は以下の三点があげられる。

①地雷禁止運動の脱イデオロギー化

冷戦下では、地雷の問題が東西対立の軸で受け止められる傾向が強かった。しかし、冷戦終了により、人道という普遍的価値に基づいて対人地雷全面禁止を訴えることが可能になった。対人地雷全面禁止問題を、「人道問題」として、世界各地のNGOが結束したことも早期条約調印の要因だった。六団体で始まった国際地雷禁止キャンペーンは、もともと地雷の被害現場を熟知したNGOが中心だったが、徐々に人権、女性、子ども、開発、難民といった分野で活動するNGOなど幅広い団体が加わっていった。

②分野を超えた専門知識の集結

対人地雷全面禁止運動では、個々のNGOや個人がそれぞれの現場体験や専門知識を生かして、条約実現を目指す多くの政府を下支えするパワーとなった。例えば、医療を専門にするNGOは、地雷がもたらす恒久的身体障害の悲惨さを説いた。軍事問題を専門にするNGOは、過去の戦争資料から対人地雷という兵器の非有効性を指摘した。子どもの問題に取り組むNGOは、多くの被害者が幼い子どもであることを訴えた。人権団体は、対人地雷の無差別性は人権侵害である、とキャンペーンを展開した。

冷戦終結に伴うNGOの自己改革も大きなカギとなった。対人地雷全面禁止条約の交渉過程で、政府とNGOの第一回合同会合を生み出したオランダのNGOは、「冷戦時代は平和運動などで政府に数で抵抗していたが、冷戦後はそれでは通用しない。専門性を磨くことによって、政府でさえ手に入れられない独自の情報を入手しなければ、政府と対等には渡り合えない」と、専門性の高いNGOへと自己改革してきたことを強調する。事実、国際地雷禁止キャンペーン傘下のNGOが独自に現地調査してまとめた報告書は、政府を含めそれまでだれも知ることのなかった対人地雷被害の状況を克明に描き出している。こうした報告書づくりのような積み重ねが、ベルギーをはじめとする欧州諸国で対人地雷政策を変更させるきっかけを生み出した。

③国際的ネットワークの駆使

国際地雷禁止キャンペーンは、その専門的知識、経験を共有財産として傘下のNGOに提供し、各国政府に働きかける際の材料とするよう積極的に呼びかけた。こうしたネットワークを「物理的」に支えたのが、情報化時代の利点を生かしたシステムづくりであり、一九九〇年代のコンピュータによる情報の収集・分配・共有だった。国境を越えて飛び交う情報は、情報を独占してきた国家の権威を低下させ、相対的に市民社会のパワーを向上させた。国際地雷禁止キャンペーンは途上国に無料でパソコンを提供し、電子メールやインターネットを通じて常に国際地雷禁止キャンペーンのネットワークとつなげるシステムをつくった。こうしてキャンペーンを世界各地で同時多発化し、国際世論を一気に盛り上げる仕組みをつくり上げたのである。世界中に散らばっているグループが、情報を共有し力を結集することができる今日、外交は国家の独壇場ではなくなった。

(6) 多国間条約交渉の民主化

国際政治にオタワ・プロセスは新機軸をもたらした。

第一に、国家独占型の多国間条約交渉をアンシャン・レジーム（旧体制）にした。そのことが明確に析出したのが国際地雷禁止キャンペーンと「目標を共有する諸国」のパートナーシップであり、多国間条約交渉の主体が国家に限定されないことを強く印象づけた。

第二に、多国間条約交渉の民主化が重要な課題であることを示した。国際地雷禁止キャンペーンと「目標を共有する諸国」のパートナーシップのおかげで、多国間条約交渉の透明化が進み、公開された情報へのアクセスも広がった。その結果、条約交渉会場と国際世論が機敏に反応した。密室交渉の殻を破り、世界各地の市民が多国間条約交渉過程に影響を及ぼせるチャネルを形成したことは、多国間条約交渉に「プロセス革命」をもたらしたといえる。したがって、オタワ・プロセスは、対人地雷全面禁止条約を実現したという成果だけでなく、国際政治にこうした「プロセス革命」を定着させていくうえで重要な役割を果たしたと記憶されるものだ。

では、実際に日本で地雷廃絶の運動をした人の視点はどのようなものであろうか。地雷廃絶日本キャンペーンのホームページをみると、同キャンペーンは「地雷問題を、人道上、および社会の再建、開発を阻害する環境上の問題と捉え、市民団体の意思と経験・専門的知識を結集し、各国政府および国際社会に対して地雷廃絶のキャンペーンを行い、対人地雷の完全廃止実現のための地雷探知および除去、被災者に対する援助、地雷被害を最小に食い止めるための地雷教育の拡充を呼びかけようとするネットワークNGOです。これらの活動なしには、尊い命の犠牲、身体の損傷、広大な農地の荒廃を食い止めることはできないと信じています。この趣旨に賛同する、地域開発、人道援助、紛争予防、平和、女性、人権、医療、保健衛生、子ども、環境、宗教等の広い範囲で活動する団体および個人が地雷廃絶日本キャンペーンJCBLのメンバーとして参加しています」と自らを定義している［地雷廃絶日本キャンペーン、二〇〇三］。

地雷廃絶日本キャンペーン運営委員の清水俊弘は以下のように記す［清水、二〇〇一］。

日本は、対人地雷全面禁止条約の締約国である。しかし、この条約の成立過程においてはむしろ消極的な姿勢であった。こうした政府の方針が一変して積極的推進の立場を取るようになった背景には、地道に世論づくりを続けてきたさまざまな市民グループの努力があった。

地雷問題に対する関心の高まりと、オタワ条約という具体的な達成目標が見えてきた一九九七年初頭、これまで独自の活動を続けてきた非政府組織（ＮＧＯ）が、各々の力を結集し、一つの目標に向かって足並みをそろえ始めた。そして、同年七月、①対人地雷の問題を広く日本社会に伝える、②日本政府に対し、オタワ条約の成立に向けて積極的に取り組むよう働き掛ける、③既に活発に動いている国際地雷禁止キャンペーンと連動した地雷廃絶日本キャンペーンを立ち上げる。

以上の引用から明らかなように地雷廃絶運動の特徴は、多くの団体が関係することで、「地雷」というものをさまざまな角度から考えることができるということにある。地雷廃絶日本キャンペーンの参加団体は、それぞれカンボジアなどの現場において、農業や教育、保健などの分野で協力活動を行っている組織である。これらの組織が、普段自分たちの活動のなかで遭遇する「地雷」の問題について、それぞれの視点から問題を提起し、議論を組み立て、偏りのないものの見方ができることをネットワークの利点とした。

これは、先ほど国際地雷禁止キャンペーンが地雷廃絶について、医療や軍事や地雷情報などのいろいろな種類のＮＧＯが、それぞれの知見をもとに地雷廃絶の世論を強めていったという状況を述べた。それと同じ構図である。すなわち、各種の団体がそれぞれの立場から地雷廃絶の声を強めるということが日本国内でもみられたのだ。このことは、いろいろな分野の人々の知識を、方向性を定めて組み合わせた活動と解釈できる。

地雷廃絶日本キャンペーンは、日本政府のオタワ条約調印に向けての活動は、以下の二つの戦略をもった［清水、二〇〇二］。

一つは、直接的な広報活動やメディアを通じての「オタワ・プロセスへの参加を」という世論喚起である。パネルセットや地雷のレプリカ等を貸し出し資料として用意し、伝えながらキャンペーンの担い手を増やすことに力を入れた。また、問題を知識として終わらせず、具体的なアクションと連動させることも大事である。両足切断の地雷の被害者であるカンボジア人を招き、日本縦断講演を行った。実体験に基づくカンボジア人被害者の言葉は何よりも重く聴衆の耳に響き、また新聞をはじめとしたメディアのカバーも大きく、条約調印に向けてのムードを決定的にした。

二つ目の戦略は、国際交渉の窓口となる外務省の担当官および政策決定者である国会議員との政策対話と、内閣総理大臣をはじめ政策担当者への要望伝達である。一九九七年九月小渕恵三が外務大臣に就任した際に好機が訪れた。小渕は、就任時のあいさつで「日本が地雷除去に協力しながら条約を認めないというのでは筋が通らない」と発言した。この発言で、それまで米、中、露などの大国が参加しない条約の実効性に懐疑的だった日本政府の方針が一転、条約調印に向けて動き出した。外務省の実務担当者にとっては、他国の準備状況や方針に関する情報が入ることは、日本としての作業を進めていくうえで有効であるし、NGOにしてみれば、それが自国の迅速な対応を促すのであれば、情報を出し惜しみする必要は全くない。政府とNGOにありがちな「陰」の情報合戦ではなく、「陽」の関係、すなわち、より多くの情報を提供することで「協働」に巻き込む感覚であった。

国際地雷禁止キャンペーンが世界規模で行った地雷廃絶の動きを、日本の状況からよりその実際の様子を伺い知ることができる。広報活動と政府への働きかけを中心に行ったのであった。広報活動が成功し、政府の方針が変わることで、政府と地雷廃絶日本キャンペーンの協働が実現したのであった。

地雷廃絶条約に加入するためには、国内の地雷を破棄しなければいけない。国内にわずかにある地雷の破壊作業が公開で行われた。地雷の公開破壊に至る経緯は以下のようである。日本政府は条約第四条に定められた、保有地雷の廃棄に関する義務を履行すべく、二〇〇〇年一月、滋賀県新旭町の航空自衛隊分屯基地に隣接する旭化成の試験場内で備蓄地雷の破壊に正式に着手した。これより三ヵ月前、東京のJCBL事務局に、新旭町の海東町長が訪ねて来た。対人地雷の破壊作業の市民への影響について、われわれの考えを聞くためだという。われわれは、備蓄地雷の破壊作業を公開することと、それを進めることで町の人々にもこの問題を知ってもらうきっかけにしてはどうかということを提案した。その結果、日本保有の対人地雷の破壊作業は、総理も招いた「公開」式典という形でスタートすることになった。海東町長らの尽力で公開が実現したことは大変意義深かった。現有兵器の破壊という戦後初の事業が広く公開されたことは、今後の活動にも生かされることだろう［清水、二〇〇二］。

地雷の公開破壊の例は、地域と国とNGOの関係について示唆を与えてくれる。国が行う地雷破壊作業は、それを行う地元におそらく騒音や厳重な警備などで迷惑であるはずだ。それをNGOが新たな角度から、平和に向けた象徴としての式典としてはどうかというアイデアを出し、それが公開式典となって、地元の人たちにも有意義な行為として受け入れられたのだと解釈できる。このようにNGOによる知恵や提案によって、地雷廃絶の運動が起こり、また、地雷破棄作業を平和の象徴とすることができるのであった。

地雷廃絶について政府と地雷廃絶日本キャンペーンがよい連携をとるようになったと述べた。しかし、細かいところでは、政府とNGOの感覚のずれがある［同、二〇〇一］。

今も外務省の担当者とNGOによる意見交換会が開かれているが、われわれが「地雷」というイシューにおいて、条約の普遍化、犠牲者の支援、除去のあり方などをトータルに考え、対策を議論したいのに対して、外務省の縦割り業務体制がネックになっている。例えば、カナダは、地雷の破壊コストが捻出できないために条約の参加を見合わせている国に対して、その費用を支援することの条件として条約の批准を約束させるなど、条約の普遍化と国際協力をミックスさせている。このようないい意味での戦略的国際協力の推進を図るためには、条約に対応する部門、国際協力に対応する部門がそれぞれ別個になっている現行の縦割り体制を見直し、一つのイシューをトータルに見る立場の担当者を選任することが求められるのではないだろうか。

つまり日本の政府担当者は担当の領域しか扱えないが、NGOは、地雷による被害一切を軽減したいと考えていて、政府とNGOで議論できる幅に違いがあるというのだ。これをもって、一概に日本政府が縦割りで悪いと解釈するわけにはいかない。政府の組織のあり方がカナダと日本で違うということに尽きる。その違いは、地雷廃絶のリーダーとしての国であるのか否かという国際政治に置かれた状況の違いによるものだろう。地雷廃絶が外交の一つの象徴となったカナダにおいて特有な組織と政策であるかもしれない。

しかしながら、地雷廃絶を普遍的な価値として確立させた国際地雷禁止キャンペーンとカナダ政府などの行動に学ぶ点があることも銘記したい。

2　経済のグローバル化

日本国内において、グローバリゼーションによる競争の激化と、失業の増大が大きな問題となっている。世界的には、貿易の自由化という政策そのものが疑問に付され、市民団体から抗議を受けている。佐久間智子は、おおむね世界貿易の自由化の象徴たるWTOと市民組織がどのように対立しているのかを描いている［佐久間、二〇〇一］。

世界貿易機関（WTO）をめぐる市民社会組織（Civil Society Organization: CSO）と各国政府との関係は、協力的あるいは建設的とは言えない。この問題について活動する市民社会組織の多くは、住民運動や反対運動、政策批判といった活動を行ってきた組織である。このようなアドボカシー（政策提言・啓発）型組織にとって、環境破壊や人権侵害、貧困などを深刻化させている政府の政策や企業活動は、的確な批判を行い、改善を迫る対象である。……各国の市民社会組織は、政府やWTOに情報公開、あるいはWTOルールやWTO交渉について事前の環境・社会影響評価の実施を要求しつつ、より広い市民層に向けて情報提供やキャンペーンを実施するようになった。その一つのあり方として、世界中のマスメディアの注目が集まるＷＴＯ閣僚会議や経済問題にかかわるその他の国際会議の場で「直接抗議行動」を行う、ということが一九九〇年代半ばから恒常化した。……

一方で、市民社会組織の多くが、国連組織や各国政府と有機的に連携して活動していることも事実である。このように、市民社会組織と各国政府とが協力的な関係を築いている場合と、両者が対立的となっているＷＴＯをめぐる問題などとでは、何が違うのであろうか。端的に言えば、両者の間で協力関係を築くことができているのは、ある程度「政策目標と政策手段の両方に社会的合意と実現可能性がある問題」であり、また、努力すれば改善され得る「良性の脅威」に対する活動である、と言えるのではないか。例えば、地雷廃絶やエイズ対策などがそれに当たるだろう。それに対して、現在も市民抗議の標的とされているＷＴＯやＩＭＦ、世界銀行などをめぐる問題は、政策目標と政策手段の両方に合意が存在していない。ほかにも、遺伝子組み換え食品については、その普及という企業目標そのものに対して大きな批判が存在しているし、貧困解消については、目標に一致はあるものの、手段に対してさまざまな反論や異論が存在している。

それでは、自由貿易を促進する機関であるＷＴＯの場合、市民組織は、何を問題だとしているのだろうか。一九九〇年代の経済のグローバル化によって、世界の貧困層はますます不利な条件に置かれるようになった。先進国内でも国内の経済格差が広がって、グローバリゼーションや自由化に対する反発が広まった。市場価値ではなかなか反映されない、環境、健康、安全、平等などの価値が崩されていく懸念をそうした市民組織は強く表明するようになったのだ。

市民社会組織が主張している、WTOなどによる「貿易・投資の自由化」、あるいは「経済のグローバル化」の問題をまとめれば、以下のようになる［同、二〇〇一］。

第一に、WTOの諸協定には数々の例外が存在しており、実際には強国や強い産業セクターが望む「自由化」と「保護措置」が無規律に併存する形になっている。そのため、WTOの諸協定は、自由市場経済という理念を実現しているというよりは、まさに「弱肉強食」を制度化したものである、と言っても言い過ぎではないという点だ。

第二に、このように強国や強い産業セクターだけに利するような不均衡なルールのごり押しを続けるために、WTOにおける意思決定が、不透明かつ非民主的に行われている点が挙げられる。……しかし、シアトルでのWTO閣僚会議の失敗を経た今、この問題を看過して交渉をスムーズに進めることもまた、ほぼ不可能となりつつある。この意思決定方式の改革をめぐる議論の難航がWTO体制そのものを危機に陥れる可能性は、依然として高い。

第三に、WTOが掲げる「貿易・投資の自由化」自体の問題点が挙げられる。世界を自由に動き回る資本が、より安い資源、より安上がりな労働力、そしてより低い社会基準や規制（労働、環境、安全基準など）を求めて動き回る結果として、各国規制が低位平準化させられ、資源や労働者が買い叩かれるという現象が起きる。

また、自由市場経済の前提である「消費者による合理的選択」は、数え切れないほどの化学物質

（の生産）……、商品の原料採取から製造・輸送過程における環境社会への影響、あるいは消費や廃棄時の安全性や環境に対する影響などを知ることが非常に困難となっているために、機能していない。つまりカネとモノだけが世界中を自由に動き回れることと、商品情報が機能していないことの二点だけを取っても、自由市場経済が理論どおりに機能するはずがないことは明らかである。

さらに重要なのは、「価格」だけを唯一の指標として成り立つ自由市場経済において、価格に反映されていない、あるいは反映することが困難な「外部不経済」（外部コスト）を放置すれば、環境破壊などの矛盾が大きく噴き出してくることである。もちろん、市場経済に適切な規制・税制を網の目のように張り巡らせることで、内部化できるコストもあるだろう。しかし、将来世代のために清浄な水源を守るコスト、土壌を劣化させないためのコストなど、簡単には貨幣価値に換算できないコストについて、その場しのぎの税制・規制を実施するだけで貿易・投資の自由化推進を正当化することになれば、そのツケは後の世代に回されるだけのことである。このような外部不経済を抱えている今の経済において、その内部化を徹底することなく「競争」や「効率化」が推し進められることは、本質的に環境破壊的であり、また、公平性や安全性が看過されたり、基本的物質・サービスを受ける人々の「基本的人権」が侵害されることを意味する。

こうした貿易・投資の自由化に反対する市民組織が強化された例として、一九九八年末、経済協力開発機構（ＯＥＣＤ）で交渉されていた多国間投資協定が、事実上打ち切りに追い込まれたことがあげられる［同、二〇〇一］。多国間投資協定に関する（交渉グループと）ＮＧＯとの協議では、政府交渉担当者らよりも条文の分析に優れた「ポリシー・インテレクチュアル」（政策に通じた知識人）のNGOの活動が、各国の投資協定交渉者に脅威となった。多国間投資協定の一種である北米自由貿易協定（NAFTA）によって、カナダ、米国、メキシコで、常識を覆すような政策変更や進出企業への国家賠償などが求められた事例を紹介したのである。このような専門家集団がIT技術を用いて、社会的価値を共有する世界各地の仲間と連携することによって、各国政府間、または企業間のコミュニケーションをしのぐケースも出てきた。

政策に関する各種の情報をNGO側が分析し、それがインターネットを通じて即時に世界中を駆け巡るようになり、それぞれの現場における抗議行動を世界規模で連携させる役割を果たした。つまり、政策に通じた人たちがNGOのグループに入り、IT技術を用いて連携して、政府や企業をしのぐ政策提案力をみせたことによって、国際政治が変わったのである。

他方、NGOが経済自由化について発言権を高めたことにつれて、今度は政府がNGOを利用する場面もみられるようになった。

専門性や規模などの面から見て最も強力なNGOを抱える米国では、NAFTAをめぐるNGOや労働組合との激しいやりとりの経験に基づき、数年前から、産業界の代表と並んでNGOを政府の諮問機関（貿易政策諮問委員会）のメンバーに迎えた。これにより米政権は、貿易にかかわる政策決定における民主性を確保するとともに、強力なNGOセクターを、国益のために国際交渉において利用しようとしたのである。このことは、WTOでクリントン米大統領が行った演説のなかで、特に「WTO紛争解決パネルへの市民参加」を容認するよう強調したことに、端的に表されている。米政権は、政策に通じた環境NGOや大手労組、そしてWTOにNGOとして参加している経済団体など、国内の圧力団体の力量に乗じて、WTOシステムの権力の源泉である紛争解決において、自国を優位に立たせようとしているのだ。つまり、米国の圧力団体が直接的にWTOの紛争解決に関与できるようにすることは、米国の国益にかなっているということである。……一九九九年には、米企業の連合体はシアトルでの閣僚会議をホストするために加盟企業から献金を募り、献金額に応じて、米政府交渉担当者や米政権トップとの会合への参加資格を与えた。米大手労働組合は、シアトル会議直前に、クリントン大統領と非公式な交渉を重ねていた。米通商副代表や農務省長官など、歴代の米政権トップには、利益の直結した産業界からの転身者が数多く存在している。いわゆる「回転ドア」（政権トップと産業界、あるいはNGOとの間を自由に行き来している状態）である。こうしたなか、「公共利益擁護」を自認する市民社会組織が、自らを利益団体と区別するための明確な定義が必要になってきている［同、二〇〇一］。

市民社会組織自体が政治団体の利害を代弁する組織になっている様子が窺われる。また、別に市民組織自体にもその信頼性が問われるという問題がある。市民社会組織の意思決定の透明性や民主性を確保することが大きな問題となっている。例えば、反グローバル化を掲げた社会運動が「排外主義」の勢力にからめ捕られているケースが存在する。これは、より広範な市民を運動に巻き込もうとするときに、大衆迎合主義やナショナリズムに陥ってしまう危険性があることの一例を示している［同、二〇〇一］。

このように、国家や国際機関に対して、異議申し立てをしてきた市民社会組織も、政府や既存の利害関係団体の思惑に左右されることもある。また、市民社会組織自体の信頼性も揺らいでいるという不安定な状態にある。市民社会組織自体には、その活動の信頼性があるわけではない。市民社会組織自体の真価が問われているのだ。

ただ、人々があえて市民社会組織をつくり、政策提案と行動を起こしているのは、それなりの理由があったと推察できる。それは必然的に起きたことがらだろう。

以上、地雷廃絶とWTOをめぐる市民組織の動きをみてきた。

国家という統治単位の機能が低下し、逆に世界大の問題にさえも、市民組織が関与することになったということは、まことに二〇世紀末を飾る劇的な出来事といえる。地雷廃絶においては、医療、人道、軍事、子供など多くの市民組織が専門的観点からこの問題をとらえ、また、具体的な地雷被害状況などをふまえ、地雷廃絶という価値を国際世論として確立した。多くの市民組織はそれぞれの文脈で活動していると思われる。それらが、地雷廃絶という点でみごとにシンクロしたのである。国際地雷禁止キャンペーン自体が各国の地雷廃止キャンペーンの連合体であり、各国のキャンペーンはそれぞれ特有の事情があったものと推察される。それが、リーダーシップをとった人がいたとしても、一言でいえば自己組織的に活動を行い、全体が共有する地雷廃絶条約締結という目的をなしとげた。

また、WTOに対する抵抗運動は、経済自由化を進める各国政府に対する批判的立場からの連携であった。ただ、この場合、市民組織といっても、利益団体とみかけ上、区別がつかなくなっていたり、そもそも、運営の透明性、民主性が確保できないなどという状況もみられる。また、極端な排外主義や大衆迎合主義、非現実的なナショナリズムに陥ってしまう危険性もみられるという点はまことに気をつけなければいけない点である。市民組織におけるガバナンスはいかにあるべきかという点が問われるのである。

国家を支える民主主義の隘路は、議会制度の機能不全、大衆の興味の喪失、専門性の拡大、増幅する不確実性などであった。

本章では、そのようななか、国家の政治機能が低下しており、かわりに、国際政治という場でさえ、市民組織が大きな役割を果たすようになってきたことを述べた。多くの政治問題は、いまや国内問題にとどまるものだけではなく、国際的な政策協調が必要とされている。したがって、市民組織が活動の対象とする問題も、根本的には国際的な合意を得なければならない。市民組織の国際的な活動はこの意味から、必然的なものである。

ただ、その市民組織も、その信頼性に関してさまざまな問題を持っていることが明らかになった。いわば、市民組織による意見の表明という形を用いて、政府なり企業なりの組織が自己の利益を主張することを目的とする型の運動がある。公的な議論をするに際して、自己の利益を気づかれないように故意に持ち込もうとする姿は、第一章の「プチ専門家症候群」で述べた自らの領域の追求する目的の正当性を省みないという病理と重なるのである。市民社会組織もまた、その存在の内省をすべきである。

本章でみた市民組織の政策決定への発言力の高まりは、市民の知識を政策決定に生かす可能性を高めている。市民の知識を政策決定に生かすことが良いと考える理由は、第一に、専門的知識、仮にこれを理論知と言い換えてみた場合、なお世の中を説明し尽くせない、人々の経験知を市民の参加によって拾い上げる可能性を高めるためであり、第二に、専門家と権力の複合的決定では得られないいわば社会的合理性を追求する回路を確保するというためである。それらを適正な手続きによって行うことが、公共的な（公共的なとは、例えば全体の利益になるようなという意味であり、より多くの個々人の利益になるという意味でもあるが）知識生産を得る可能性を高めると考えられる。第一章で述べたように、公共的な知識生産を我々はもっと必要としている。そして、その過程に人々が多く含まれ、知識体系に加われることによる疎外からの克服を期待することができるのである。

人々の経験知を拾い上げ、社会的合理性を追求するためには、適切な市民の参加手続きの構想がなされるべきだ。また専門的知識への信頼の回復が図られなければいけない。そのような仕組みについて、次章以下に述べる。

引用文献等

木場隆夫、西出拓生［二〇〇二］『新たな公共技術開発システムの動き――風力発電を例に』日本公共政策学会二〇〇二年度研究大会発表論文。
佐久間智子［二〇〇一］「WTOをめぐる市民社会組織の展開とその課題」『NIRA政策研究』Vol. 14, No. 10「人間の安全保障と行動する市民社会――新たな連携を求めて」四四～四七頁。
清水俊弘［二〇〇一］「地雷廃絶と市民社会の役割」『NIRA政策研究』Vol. 14, No. 10「人間の安全保障と行動する市民社会――新たな連携を求めて」三四～三七頁。

地雷廃絶日本キャンペーンのホームページ［二〇〇三］http://www.jca.apc.org/banmines/

ストレンジ、スーザン／櫻井公人訳［一九九八］『国家の退場』岩波書店。原典 Susan Strange, *The Retreat of the State*, 1996.

NIRA［一九九二］『科学、技術、文化と発展に関する研究』一三頁。

NIRA［一九九九］『わが国の政策決定システムに関する研究（第II期）上―政策科学と市民参加―』秋吉貴雄、第二章「参加型政策分析の概念」五三〜六八頁、大山耕輔、第六章「PPAとしての原子力政策円卓会議」一四三〜一五九頁。

NIRA公共政策セミナー　松井孝治［二〇〇三］『政治行政と政策研究』。

長谷川三千子［二〇〇一］『民主主義とは何なのか』文春新書。

宮川公男［一九九四］『政策科学の基礎』東洋経済新報社、一五八〜一六一頁。

目加田説子［二〇〇一］「地雷廃絶運動と国家と市民社会の新たな連携　オタワ・プロセス」『NIRA政策研究』Vol. 14, No. 10「人間の安全保障と行動する市民社会――新たな連携を求めて」三〇〜三三頁。

目加田説子［二〇〇三］『国境を超える市民ネットワーク』東洋経済新報社。

山本俊一［一九九八］『わが罪農薬汚染食品の輸入認可』真菜書房。

米本昌平［一九九八］『知政学のすすめ』中央公論社、二二九頁。

Nelkin, Dorothy [1977] *Technological Decisions and Democracy*, Sage Publications, pp. 106–122.

第三章　専門家と市民――知識社会の担い手の関係

前章では、政府と専門家の複合体による決定という構図が崩れたことを述べた。そして市民組織が新たな専門性をもった組織として台頭していることを述べた。

本章では、まず専門家がいまや最新かつ現場の知識を用いて、政府を越えて決定のイニシアティブを持つことさえあることを述べる。しかし、急いで付け加えれば、専門家だけによる思考や決定には構造的な欠陥がありうることに注意すべきだ。すなわち、専門的権威への服従という構造的欠陥に縛られている。そして今や多くの労働は専門的知識をもって行われる。誰もが、専門家になりうるのである。したがって専門的知識の構造的な問題を放置すれば、その悪弊は至るところに現れるであろう。知識労働者や専門家やテクノロジストが、その専門性に埋没せず、公的な視点から自らの専門性を問い直すことが求められる。

専門家の構造的問題を解き放つ可能性の一つは非専門家としての市民のかかわりである。専門家と市民が自由に議論することによって、専門家のもつしがらみを解き、専門家の構造的な欠陥を補完することができる。それにより多くの人々が満足するような決定ができるのである。そのようなことを通して、専門家と市民の関係を組み替える仕組みを導入することが今や必要である。

一　政府を越える専門家の知の事例

一九世紀から二〇世紀にかけて、権力と知識が結合し、ルールと規範を設定し、それに対する異議を封殺してきた。ところが権力の意向にかかわらず、民間の知識人がルールをつくるという動きが現れた。

本章では、まず第一節で、専門的な情報をもとに、専門家が新たな社会的取り決めを実質的につくってしまうという事例を紹介する。例にあげるのは、国境を越えた専門家同士、あるいは、金融の専門家同士によるものである。近年急速に起きてきたその様子を述べる。これは、政府や大学といった従来型の正統的な専門的知識の源泉ではないところにおいて、実質的な社会的な取り決めのイニシアティブがとられていることを示す。

社会的な取り決めを行うに際しては、ある価値観が背景となり、それに基づくルールが決まるということに注意したい。社会的取り決めは、言い換えれば関係する情報を体系化し、社会的に正当化して知識として確立するという行為に他ならない。専門的知識を持った者が政府より先に事態を把握し、より適切なルールを作ってしまうという現象は、専門家が決定の主要な役割を担っていることを示している。

従来も政治的決定に際して専門家は重用されていた。しかし、そのときにはどちらかといえば政府が、利害団体の調整を行いつつ、専門家の助言も聞きつつ、その結果として政府が主導権をもって取り決めを行っていたという形がほとんどであった。その取り決めを、政府の意思を飛び越して、専門家同士で決めてしまうという事態が起きているのである。これは、前章で述べた市民団体の政治的発言力の向上の事例に、ある意味では似ている。というのは、その専門家といえども、市民なのであり、国家や大企業や企業の連合体が独占してきた知的営みを市民が担うことが多くなってきた例ともいえる。

ただ、本章と前章の例では専門知識の役割は少し違う。前章の例は市民団体が地雷が放置されている事態などについて、断固「ノー」という意思をもって政府に働きかけ、その過程で地雷廃絶を達成するに必要な専門知識を身につけていったのに対し、本章第一節の例は、専門家が自らの知識と経験に照らして社会によりふさわしいルールを提案したということである。

その後、すぐに本章第二節でとりあげるが、専門知識というものあるいは、専門家集団というものに頼りすぎることには問題があろう。そして、第三節では、専門家と非専門家が相互にコミュニケーションを行うことが必要であると述べる。具体的には世界的に広まっているコンセンサス会議などのパネルシステムの用い方について述べる。

1　インターネットのプロトコルの国際的な専門家によるルールづくり

まずは、国際的な約束ごとについてさえ、政府ではなく、専門家の自律的な運動によって決められているという事例である。インターネットは、たえずその運営の仕方を見直してきた。インターネットは、もともとは米国の軍事研究から始まったものではあるが、研究者の情報交換ツールとして国際的には発達したこともあって、極めて短期のうちに全世界の共有財産ということになった。それに対して、米国政府はその運用に主導権を握ろうと画策した。それに対して、世界のインターネット技術者は、「自律・分散・協調」という技術の論理に従うべきであるとそれに反発をし、技術者コミュニティの主導権を守ったのである。

インターネット戦略研究所の高橋徹によれば、インターネットは一九六九年に米国の国防総省の研究として始まった。それが研究者のネットワークとして世界に発展した。日本では、八〇年代から大学間ネットワークとして広まった。一九九〇年ごろから、インターネットが爆発的に利用されるようになり、ドメイン名空間の拡大という問題、そしてＩＰアドレスの不足という問題への対応などをめぐり、誰がインターネットを管理すべきなのかが問われるようになった［高橋、二〇〇二］。このような問題に政府たとえば、米国政府が介入しようとしたこともあったが、すでに国際的な技術者のコミュニティができており、そこでは、自律的管理が原則になっていた。もともとインターネットは米国が出資したものだと米国の議会や政府関係者は主張する。軍部や米国の一部の層は、そのような主張をもっている。

これに対して、インターネット・エンジニアリング・タスクフォース（ＩＥＴＦ）などは、非営利の技術者の組織であるが、ここでドメイン名、ＩＰアドレスについて意見交換をしていたところ、九八年一月に米国商務省から青書が提出された。この問題について米国政府が関与すべきと考えるが、どのように受け止めるかというのだ。これに対して欧州、日本、アジアからも、米国が管理主体になることに反対の意見が相次いだ。結局その問題については、新組織であるＩＣＡＮＮ（International Corporation for Assigned Names and Numbers）が設立され、そこで議論された。

そこでの議論の様子は、国際大学の会津泉によれば以下のようである。「インターネットの根幹を支えてきた原理は「自律・分散・協調」という考え方だった。これはもとは物理的、技術的なアーキテクチャーを支える考え方だったが、ネットの利用をベースにする商取引や研究活動も含めた知的生産のあり方も、自律・分散・協調という原理で共通に捉えられる部分があると考えられる。」そう述べたうえで、IETFのエンジニアに広く受け入れられてきたモットーとして、デビット・クラークが一九九二年に提唱した「我々は王様も大統領も投票も拒否する。我々が信じるのはラフ・コンセンサスと動くコードだ」［会津、二〇〇二］という言葉を引用している。要は、国際的な合理的なプロトコルの設定を、純技術的な議論とし国家の介入の排除をしたのであった。

ちなみに、リナックス（Linux）というコンピュータの基本ソフトの開発は、企業体ではなく、フィンランドの学生の提案に世界中のソフト技術者が参加して、プログラムの改善を行ったものとして有名である。インターネット上で、リナックス経験者が、アイデアを提案し、自主的に作業に加わったといわれる。このような技術者が自発的に参加して開発するという方式は、情報技術者の個人的イニシアティブの発揮である。インターネットのプロトコルを自発的に管理した先の事例と重なり合うものといえる。

2　電子コマーシャルペーパーの専門家による制度設計

コマーシャルペーパーとは、企業が短期の資金の調達のために発行する証書である。日本においては、一九八七年に商業手形様式を利用し、導入された。従来、それは紙で行われていたが、それを電子的に行えるように二〇〇一年に制度が改正されて、それに基づき〇三年三月に電子コマーシャルペーパーの発行が実現した。*

これを電子的に処理することによって、紙を発行するという手間が省け、売買に伴う煩雑な手続きがなくなり、紙で発行していたときのリスクも少なくなった。そして、金融機関などに支払う手数料や印紙税が削減できる。加えて、機動的な資金調達や運用が可能になるという［日経ビジネス、二〇〇二］。

この改革の最初の旗振りをし、リードしたのは、金融機関でも官僚でもなく、一握りの利用者なのであった。民間企業人によって新しい考え方が構想されて、数年の紆余曲折を経て実現に至ったのである。このケースは、先端的な事情を知りうる立場にある、市民が制度改革の中心になることができたという点において極めて興味深い。その中心となったのはＮＩＲＡにも在籍する犬飼重仁であった。犬飼は、総合商社勤務であり、ロンドンに六年駐在し、シティの金融取引を経験し、その広がりと奥行きの深さをつぶさにみてきた。シティにおける金融業務の絶えざる進歩に比べ、犬飼が日本に帰国したときには、日本の金融が古色蒼然としてみえたという。犬飼は、「このまま、既成のやり方をひきずれば、欧米の後塵を拝してしまう。何とか、しなければという義憤にかられた」と述懐する。

犬飼らは、志を同じくする企業人による自主的な検討会を積み重ねた。各人が所属する企業としても、古い金融システムを改善することにメリットを感じていたので、そうした行動を支持したのであった。

コマーシャルペーパーについては、それを取り扱う金融機関の既得権益とでもいうべきものが存在しており、また、既存の法制度を変更し、新しい仕組みをつくるということへの抵抗もあり、簡単には電子化の構想は受け入れられなかった。初期のコマーシャルペーパーの導入形態も、手形扱いとしたことは、券面の発行が必要で、保管や流通で、金融機関は手数料を稼げる。手形化はそのための方便であったと想像がつくと記されている［日経ビジネス、二〇〇二］。犬飼によれば「米国では一件の取引につき一ドルだが、日本では発行金額に一定の割合を掛ける体系で、手数料は割高になる。国にも印紙税の支払いが必要だった」とのことである。

このような券面発行は、手数料が高く、譲渡にも手間がかかり、非効率であった。実はこれはコマーシャルペーパーだけでなく、社債でも同じような問題が生じていた。これがゆえに、この制度の改革の提案は、既成勢力から拒否されたのだった。コマーシャルペーパーに先立ち、社債の電子化構想が一九九〇年代半ばに民間の一部であったが、それは頓挫する。当時の大蔵省は動かなかった。その背後には社債市場を取り仕切る金融機関があった。

犬飼らのグループは、金融ビジネスのプロではあっても、けっして金融政策の立案に経験があるわけではなかった。途中から、犬飼らの提案に政策当局の理解を得ることができ、結果として法制化されたのだが、当局の理解を得るまでがたいへんだった。

この例から、政策立案のプロではない人々が、熱意を燃やし、改革を主張し続けることによって制度を改正する力になれるということがわかる。この場合、ロンドンの金融市場の現場を熟知していたとい

＊ より正確にはコマーシャルペーパーとは「信用度が高い大企業が無担保で資金を調達するために振り出す単名・自己あての約束手形」と定義される［犬飼他、二〇〇〇］。

うことが、日本の制度改革のきっかけとなった。こうした海外の事情をよく知る人は、金融のプロであるのだが、同時に日本経済を何とか好転させようとする意欲をもった市民だったことを強調したい。

既成の利害に縛られずに、率直に改革に取り組む姿勢が、同様の問題点を肌身で感じている仲間の共鳴を得たのである。やがて、当局のなかでも共鳴する人が増えていった。そして、法律の専門家の支援も得られた。当局の共鳴が明らかになるにつれ、金融機関も態度を変えるようになった。

問題意識の醸成は、海外の先端的金融市場を熟知するという経験のなかから生まれている。こうした見識は政策当局や、従来型の政治決定権者や圧力団体にはむしろ乏しいと考えられる。企業においても上から指示を出しているような場合、つまり現状の業務を上からの指示に基づいてこなしているようなところにおいては問題意識を持ちづらい。また、第一線の現場における知識は、必ずしも組織で共有されているものではなく、一部の担当者のものに止まってしまう。ましてや、政治社会を議論する通常の過程においては、そのような問題意識は認識されない。あえて、そのような現場の人たちが、声をあげる必要がある。

現在の議会制民主主義および行政機構としての官僚制は、現場での問題意識をすくい上げ、現行のルールに反映させることに、ときとしてさほど敏感ではないことがある。

市民の経験と意識を、社会のルールづくりのなかに反映させることを心がける必要がある。もちろん、議会制民主主義はそのための制度である。しかし、それだけでは現状不十分なのだ。

二 専門家の抱える問題

以上、専門家によって社会的な取り決めが行われることを、インターネットのプロトコルのルールづくりや金融取引の新しい仕方を例に述べた。社会的決定にこのような形で、専門家の役割が高まっているということは、市民の発言力の高まりの表れととらえることができるだろう。

しかし、他方、専門家たちは一般市民とは違う利害関係をもつことに注意しなければならない。専門家は、自らの領域を築いている。そしてその領域の知識を独占している。そのため、それに起因する自らの領域に関する利益のみに目を奪われ、社会的決定の正しさを損なうおそれもある。

専門家だけによる決定に任せておけないというのはどのような理由によるのか。繰り返せば、専門知識による支配構造には固有の問題がある。専門家には必然的な視野狭窄がある。また、専門知識は、権力と結びつきやすく、権力と一体となり、利用されてしまうおそれと弱さがある。

それゆえ専門家は、自らの専門領域のなかに安住していることは許されない。専門家が一般の市民のニーズをくみ取って自らの課題とし、社会的決定にもそれを斟酌すべきである。また、専門家の立場では、仮にそうしたことを行うのが難しいとしたなら、市民や住民や問題の当事者が、社会的決定にコミットし、そこにおいて必要な知識生産に参加する道を開くことが必要である。

より一般論としてまとめれば、ビジネスや生活の現場などで起きていることがらや、将来ありうるリ

スクを察知して、それらに基づいてより正しい――この場合正しいというのは、納得できる手続きに従い、多くの当事者にとって満足がいくようなという意味である――社会的決定ができるような社会が、知識社会の重要な側面ということができる。

1　専門家集団の構造的問題

(1)　これまでの専門家の存在意義

科学者や技術者が専門家として、社会的なことがらの解決のヘゲモニーをとることは今日、広く行われている。専門家は、専門的な知識を豊富にもっている。科学者の判断が常に優れたものなら、彼らの見解に従うことは、良い決定をするのに必須となるはずである。しかし、常に専門家の言うことが正しいというわけではない。むしろ、科学者の意見は偏る可能性があることを、科学社会学の知見は示す。例えばバーンズは、伝統的な科学者内部の行動規範を分析している［バーンズ、一九八九］。

科学者社会の特徴を以下のように述べる。科学者社会では、すべての人が優秀であるというわけではないのに、めざましい成果をあげている。その理由は研究者社会の特性として、科学者は長期にわたって厳しい訓練を受け、共通の思考をする可能性が強いことである。また、論文を生産する過程では集団的に知識を形成しており、間違いを起こしづらいものになっている。バーンズの図を説明する。これは、個人が行った科学的発見がいかに学界（同じ領域の科学者の世界）に受け入れられるかという過程を図示したものである。図のなかで科学者が研究を行うという行為（図中、Aとして示されている）によって

図 3-1　研究成果のコミュニケーションと評価

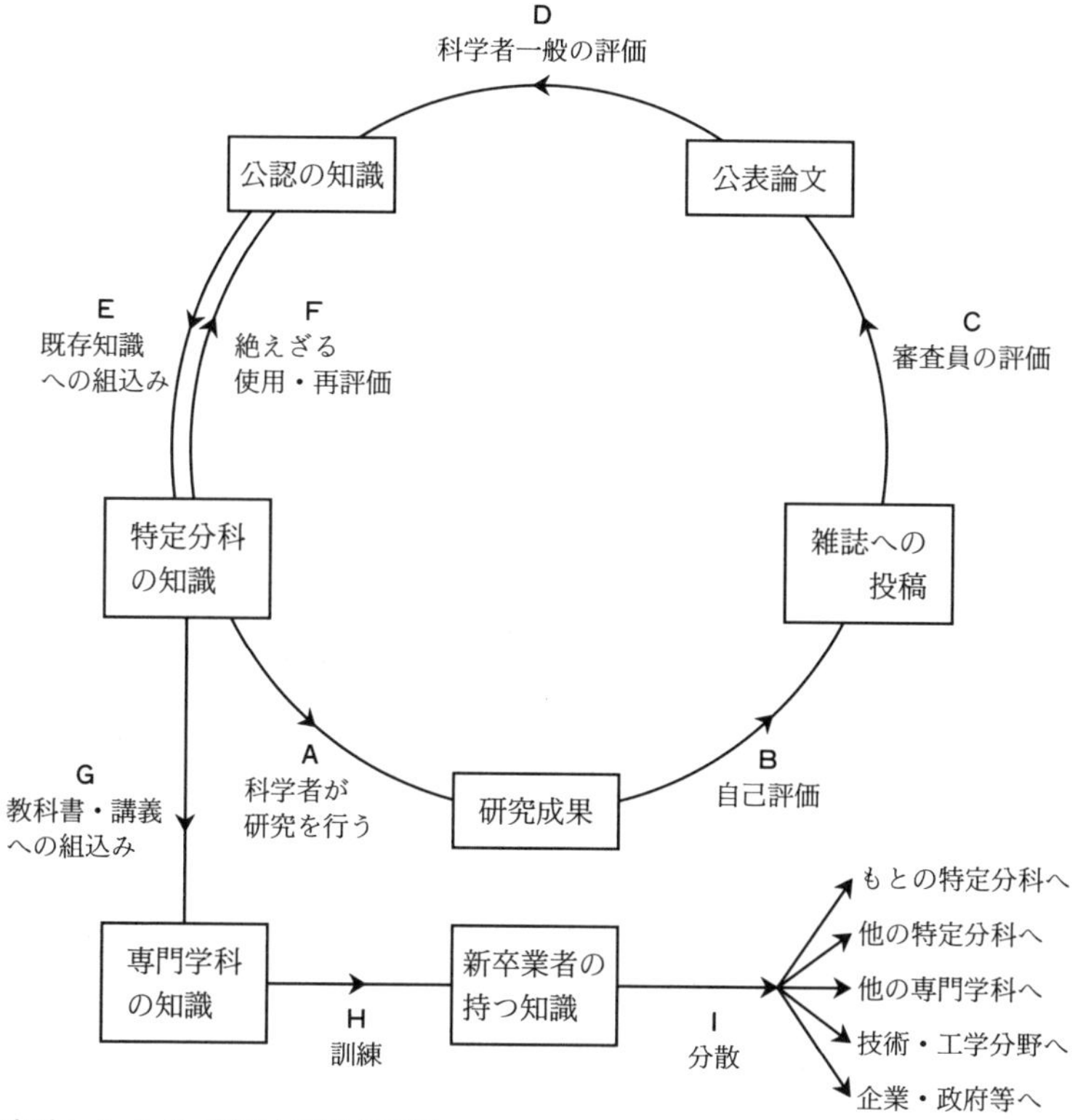

出所：バーンズ／川出由己訳［1989］.

生まれた「研究成果」は自己評価を経たあと、「雑誌（学術）への投稿」に回される。通常は匿名の同業の審査員の評価を経て、掲載可という判定を受ければ「公表論文」となる。その論文が公表され、多くの科学者がみることができるようになり、そこで評価を得れば、「公認の知識」ということになり、既存知識への組込みがなされる。そしてようやく「特定分科の知識」として研究や教育に用いられることになる。

この説明でわかるように科学者にとっては、自分の研究成果が同業他者から認知されるという報奨が重要である。同業の審査員の評価を得て論文の掲載を認めてもらい、また、その後も公表論文が科学者一般から評価を得なければならない。こうして常に科学者は同業者からの認知を必要とするのである。認知は一般にお金によって左右されるものではなく、科学者内部で独立して行われる。そのため科学は独立的であるといわれる。

(2) 権威への従属

認知システムは部内者と部外者を明確に分ける。専門外の人の偏見、気まぐれな意見をすべてまともにとりあげていたら、科学は負担過重になって崩壊するかもしれない。科学者や専門家という有資格者の情報を重視するのである。したがって評価の基準は閉鎖的な部内者、あるいはもう少し広くいっても話の通じる同業者の観点から行われることになる。企業の研究活動においてもその評価を行おうとすると、閉じられた社会ではなく、内部的な評価にならざるをえない。科学者社会の内部では、そのなかでも権威をもつ人がおり、科学者社会を統合している。研究分野が極めて細分化されていることも、ここに関係する。高度な分業体制が築かれているので、他分野の知識に依存しなければいけないという必要がある。その際に、科学者社会での地位や肩書きが大きな力となるのである。権威によって、科学者の社会は統合されている。

(3) 細分化と専門性の問題

また科学者は社会に対して一般に発言権をもっている。科学者のいうことは正しいことであるという推定がなされる。そのため、特殊な知識が社会を統制する作用を持ちうる。権威はこうして両刃の剣であり、プラスとしては、社会の分業システムの維持に効果があるが、マイナスとしては専門家の意見が自動的に通用しがちである。

科学技術の細分化、専門化が進んでいるという現状を鑑みるに、バーンズの説明を展開してみると、いっそう、科学者の権威が社会全体のバランスを損ねる可能性があると危惧される。権威をもつ科学者が、社会全体の価値観とはかなり切り離された存在でしかないと懸念される。細分化された科学技術の専門家は社会の価値観とは切り離された存在となる可能性がある。それにもかかわらず専門家として権威があり、彼の意見が自動的に通用するということは、社会全体のバランスをとる視点が失われるかもしれないのである。

村上陽一郎も同様のことを別の観点から述べている。村上によると、科学の論文は、引用文献や様々な学問上の作法により、学問分野の科学者共同体の価値基準に沿ったものしか受け入れられない構造をもっている。一定同業者のピアレビューによってのみ評価される現代の科学技術のあり方は、学問や技術のもつ一定の方向性に突き進んでいく「ブレーキのない車」として警戒すべきとしている［村上、一九九四］。

(4) 集団のパラダイム志向

そのように科学者は長期にわたる訓練と権威に従属し、一定の方向に向きやすい特徴をもっている。そのため、科学者の判断基準は、必ずしも正しくないという可能性があることに注意をしなければならない。科学者は専門的な知識はあるが、専門的知識自身が一定の慣性の上で成立しているものなのである。科学者の判断は、社会の価値観、あるいは個人の価値観と食い違う可能性があるものなのである。

これは古典的ともいうべきもっぱら好奇心に駆られて研究をする科学者世界の描写であって、もっと他の形の研究、つまり外部からの委託を受けたり、外部から与えられた何らかの目的をもってする科学の姿を十分踏まえているわけではない。いわばバーンズの記したのは伝統的な科学者社会の姿である。

しかし現在の科学技術をみても、ピアレビューというシステムで同業他者の評価を求め、これまでの研究水準に比べて質が高いかどうか、既存のパラダイムに合致しているかどうかという基準によって評価されるという性質があり、バーンズの述べるようなことが「規範」として十分働いているのである。科学者の古典的な行動規範は保持されて、現実と矛盾をきたす可能性があるにもかかわらず、それが理念として保持されているのである。それが科学者の権威の源泉となっていることはあまり知られていない。これが問題なのである。しかも、科学者が技術に関する意思決定にも影響をもっている現在、このことは大きな問題の種である。

2　専門家の失敗

(1)　問題の隠蔽

古くは水俣病、最近では薬害エイズ、ＢＳＥ、食の安全性をめぐる事件などで、原因はわかっているのに、問題を隠蔽してしまうという事件が起こる。このことから推察できるのは、専門家に任せておくだけでは専門知識によって、すべての科学技術に関することがらがうまく処理されるわけではないということだ。

一連の薬害事件では、安全性を第一に考えるべき製薬業界が利潤追求という原理によって薬の危険性や副作用を隠してきたという事実が問われている。サリドマイド、キノホルム、クロロキン、薬害エイズなどの薬害があとを絶たないのは、安全性を確認すべき官庁や学会、医者までが医薬品業界に一種の便宜を図るように薬害を見逃してしまったことに原因があるという指摘もある〔片平、一九九七〕。

一九八三年九月、厚生省のエイズ研究班の血液製剤小委員会が開催され、そのなかで血友病治療に非加熱製剤を使い続けて良いかを検討した。クリオ製剤（一人の献血者だけから採血した血液でつくった薬品で、ＨＩＶに感染する率は非常に低くなるもの）の有用性を指摘した若手医学者に、「クリオを主張すると、君の将来はないよ」と、権威の教授は一喝。若手医学者はそれ以上もう何も言えない。議論の前に結論があるのだ〔東京弁護士期成会、一九九六〕。

また、新たな科学技術が導入されることによって、派生的に起きる災害の場合には、ときとして誰が問題を解決すべきなのか、問題の所在が摑めないということがあると指摘される。おうおうにしてそのような場合には、社会的責任が複雑で多岐にわたるという状況になる。そのような状況では、問題解決がなされないまま放置されることがある。松本三和夫はそのような型の災害を指して「構造災」と呼ぶのである［松本、二〇〇二a、二四～二五頁］。

社会的な意思決定において利害関係や固定観念があり、専門的知識が生かされないこともある。例えばBSE、いわゆる狂牛病において、農水省がWHO（世界保健機関）から肉骨粉使用の禁止の勧告が一九九六年に出ていたのにもかかわらず、十分な対応をしなかったことは、「農水省の失政」と報道された［朝日新聞、二〇〇二］。同省の危機意識の欠如や政策決定の不透明さ、生産者偏重・消費者保護軽視の政治家の圧力などが問題であったとしている。官庁の姿勢が、食糧難の時代の生産者優先の体質を色濃く残して、BSEの対応が不十分であったとしている。

(2) 市場における技術開発の失敗

短期的に利潤が見込めないような技術開発は、民間企業では行われないことがある。例えば次章でとりあげる風力発電は、初期には非常に壊れやすく、稼働率もかなり低かった。火力発電に比べて、コストが高かった。実現性が乏しい、儲からない技術であった。米国企業の風車開発でみられたように市場原理だけでは、民間企業の開発インセンティブはわかなかった。

このような例は他にもあって、医療でいえばオーファン・ドラッグ（稀な病気の治療薬は、薬を開発したとしても薬の市場規模が小さいので採算がとれず、なかなか開発されないという問題）がその代表例である。

(3) 公共政策による技術開発の失敗

私企業で開発されづらい研究開発は、政府により行われる。基礎的・先導的な研究は政府研究の一つの使命といわれる。しかしながら政府の研究によって、残されたすべての課題が研究できるわけではない。また、政府の研究開発にも欠点がある。一つの技術が公共政策において選定されると、それ以外の技術オプションは考慮外になってしまい、技術的な選択幅がなくなってしまうことがしばしばみられる。このような現象は、技術施錠（Technological locked in）と呼ばれることがある［児玉、一九九八］。

風力技術政策に詳しいオランダのファン・エストは、その著書『Winds of Change』のなかで、米国の風力技術開発計画の失敗について述べている。米国が最初に大規模な現代的風力発電に取り組んだが、大型の風車を建造するという政府の研究プロジェクトは失敗した。また、減税という経済的インセンティブを主にして風力発電の投資を促進するプログラムは、米国製の風力発電の技術開発には結びつかず、デンマークの小規模な風力発電設備が主に輸入されることになった［Rinie van Est, 1999］。

また、松本は日本の風力発電は技術的には半ば白紙の状態であり、先行しているデンマークの技術を導入しようとしていることについて問題提起をしている。日本においても一九七〇年代にスタートしたサンシャイン計画において、風力の実用化が計画されたが、あえなく頓挫した。政府の技術開発計画が失敗に終わり、当初の自主技術開発の機運は消滅した。しかし、一般に初期の偶然の出来事によって一つの技術が普及するると、加速度的にその技術が市場を支配することがある。これを、技術軌道の経路依存性と呼ぶ。技術の経路依存性は、技術は市場で支配的になっても必ずしも最適なものではないということがありうることを意味する。

日本の風力発電技術のこれからの方向性について、松本はデンマークなどのタービンを輸入するとともに、日本の地形などの地域的知識をもとにいくつかの風力発電の型を日本の各地域で選択するという手段を政策的に増やすことが必要であると述べている。これは、技術を社会的に決定する場合に地域の知識を組み込む可能性を高めることを意図した提案である。地域的知識の組み込みを試行することは、社会的な意思決定の手続きに関する実験として有用であろうと述べている［松本、二〇〇二b］。したがって、ある技術開発の目標を定めてそれに向かって官民総力をあげるというタイプの公共的な技術開発政策は、時代にそぐわなくなっている面がある。松本の地域住民の知識を取り入れて技術開発を行う仕組みの提案は、この点、技術開発の目標を定めるのではなく、技術開発の手続きの幅を広げようとする意図であることに注目すべきである。

三　市民の役割

1　社会に広がるリスクと市民参加への期待

現代の生活や仕事は、自動車や携帯電話など日常使う機械はもとより、電気や水といったインフラも技術の産物である。実に多くの「科学技術」に支えられている。今の恵まれた生活は、科学技術のたまものである。しかし、科学技術の進歩と、大量生産・大量消費の生活スタイルによって、私たちはわからないままにリスクに晒される。例えば、地球温暖化はどの程度進むのか、ＢＳＥや大腸菌の一種Ｏ-１５７はどのような危険をもたらすのかなどは、マスコミの記事として多く目につく。

さらにバイオテクノロジーの発達によって、動物や植物など生命体が人工的に操作されるようになった。遺伝子組み換え食品をめぐる議論も起きている。多くの人は、このような科学技術に関する問題について、よくわからないまま何となく不安な気持ちになっている。だからといって、専門家に任せておけばよいということにはならない。専門家の間でも科学技術に関する問題について意見が分かれる。一つには科学技術のリスクはその使い方によって異なり、したがって前提条件が変われば、リスクの予想結果は異なってくる。これが専門家の間でさえ意見が異なる一つの原因だ。

また、環境問題が、政治的に重要な課題になってきた。環境問題は良好な自然をいかに維持するかだけではなく、科学技術によってもたらされる人工物の管理という側面が大きくなっている。英国の社会学者ギデンズは以下のように述べる。

科学技術は政治とは無縁だと考えられてきたが、こうした見方はもはや通用しなくなった。今日、科学や産業技術の進歩と私たちとの関わりについて、「疑問符」の付されることが、以前にも増して多くなった。「高速道路、ゴミ焼却施設、化学、原子力、バイオ技術に関連する工場や研究所を新設しようとすると、直接、影響を被る市民団体の抵抗に会う。工業化の初期の段階のように、こうした進歩が歓迎されなくなったのは、それらが何をもたらすのかを予測できるようになったからである」［ベック、一九九七］。このような状況下では、「専門家」に意思決定を任せておくのではなく、政治家や市民が意思決定に参画すべきである。要するに、科学技術は、民主的な政治過程の圏外にとどまり続けることが許されなくなったのである。……専門家の役割は、彼らが導く結論と政策提言の根拠を、わかりやすく市民に示すことに尽きるのである［ギデンズ、一九九九］。

科学技術をどのように使い、どのように発展させるべきか、あるいは科学技術を用いる社会はどのように変わればよいかということには、非専門家である市民も自ら考える必要がある。市民といえども科学技術のリスクを被るかもしれない立場にある。あるいは科学技術によるサービスを受ける者としての立場もある。また、将来の世代に良好な環境を維持することも市民の務めといえるからだ。科学技術について理解を深めたうえで、自らの意見を述べるなどの科学技術に市民が関わる機会が必要である。

他方、科学技術の専門家は、自らの専門分野に関する知見が、社会にどのように影響を及ぼすかを説明する責任がある。大学や研究機関が外部の人に施設を開放して、説明を行うような機会が増えているのは好ましい。素人たる市民と専門家が話し合える機会をもつことは望ましい。それは市民の啓発を行うとともに、専門家にとっては、素人の市民は科学技術の何が分かりにくいのかを知るきっかけを得ることになる。専門的なことがらを素人に分かりやすく説明するのは意外に難しい。そしてさらに科学技術の専門家にとっても、何が研究として未開拓で、市民に必要な研究分野は何かを考える契機にもなる。

科学技術についての一般市民と専門家の対話の機会をぜひ増やしたい。

外国の例だが、デンマークでは国会の事務局が、各地域における科学技術に関する住民の話し合いを補助する事業を年間約一〇〇回行っているとのことである。地域の話し合いの場には専門家が招かれ、約五〇名程度の住民が集まるという。

社会的に意見が分かれる科学技術について、より大規模に、広い角度から議論を深める場として、さまざまな仕組みが工夫されている。後述するように、コンセンサス会議は近年世界的に広がっている。コンセンサス会議というのは、ある科学技術のテーマについて、十数名の市民たちが、科学技術や諸団体の専門家たちから説明を受けながら、その科学技術に対する考えを市民たちだけでまとめるというものだ。日本でも一九九八年に遺伝子治療、九九年に高度情報社会――とくにインターネットで実験的に行われた。農水省は、遺伝子組み換え農作物のテーマで二〇〇〇年、〇一年、〇二年とコンセンサス会議形式の会議を開催している。遺伝子組み換え農作物のリスクの完全な解明は難しいなかで、その栽培や流通、表示についてどのように考えるのか議論を行った。

こうしたリスクについてのさまざまな人々の間での情報のやり取りを通じて、自分の意見を述べるという機会は、一種のリスク・コミュニケーションとみることができる。リスク・コミュニケーションは、電気製品や家庭用洗剤など生活上の個人的選択に伴って必要になる局面と、遺伝子組み換えや環境問題など高度な科学技術によってもたらされるかもしれない不確実性などの社会的選択に伴って必要になる局面に大別される。個人的選択の局面では、最終的にリスクに対してどう行動するか（タバコを吸うか、吸わないかなど）は個人の判断に任される。しかし、社会的選択に属する問題は、リスクの問題をどうするかは、社会集団的に決める必要がある〔吉川、一九九九〕。したがって、科学技術のリスクについて社会的にどう対処するのかについては、リスク・コミュニケーションが必要だという認識が日本でも高まっている。

ＮＩＲＡの報告書、『科学、技術、文化と発展に関する研究』〔一九九二〕では、問題解決への個人の主体性が求められており、社会のそうした問題にかかわれることによって、人生の質が高まるとしている。私は、人間一人一人が、社会を構成している知識の体系の一部として組み込まれることによってこそ、自らの存在の意味を確信することができるのだと思う。

問題解決の取り組みに人間が疎外されていることが大きな限界であり、問題解決に人間を入れることが求められている。教育と環境についての規範の確立が解決となる。人生の質の向上を目指すなら、人間の内的側面と外的側面を統合し、個人と社会の調和のとれた発展をすることが必要である。人生の目的と専門的知識の統合は、人生の質の向上に不可欠である〔ＮＩＲＡ、一九九二〕。

2　コンセンサス会議の登場

コンセンサス会議とは、デンマークで始められた技術評価の一方法である。この会議では「市民のパネル」と「専門家のパネル」という二つのグループの対話が柱となる。会議の開催にあたっては、対象

図 3-2　コンセンサス会議の概念図

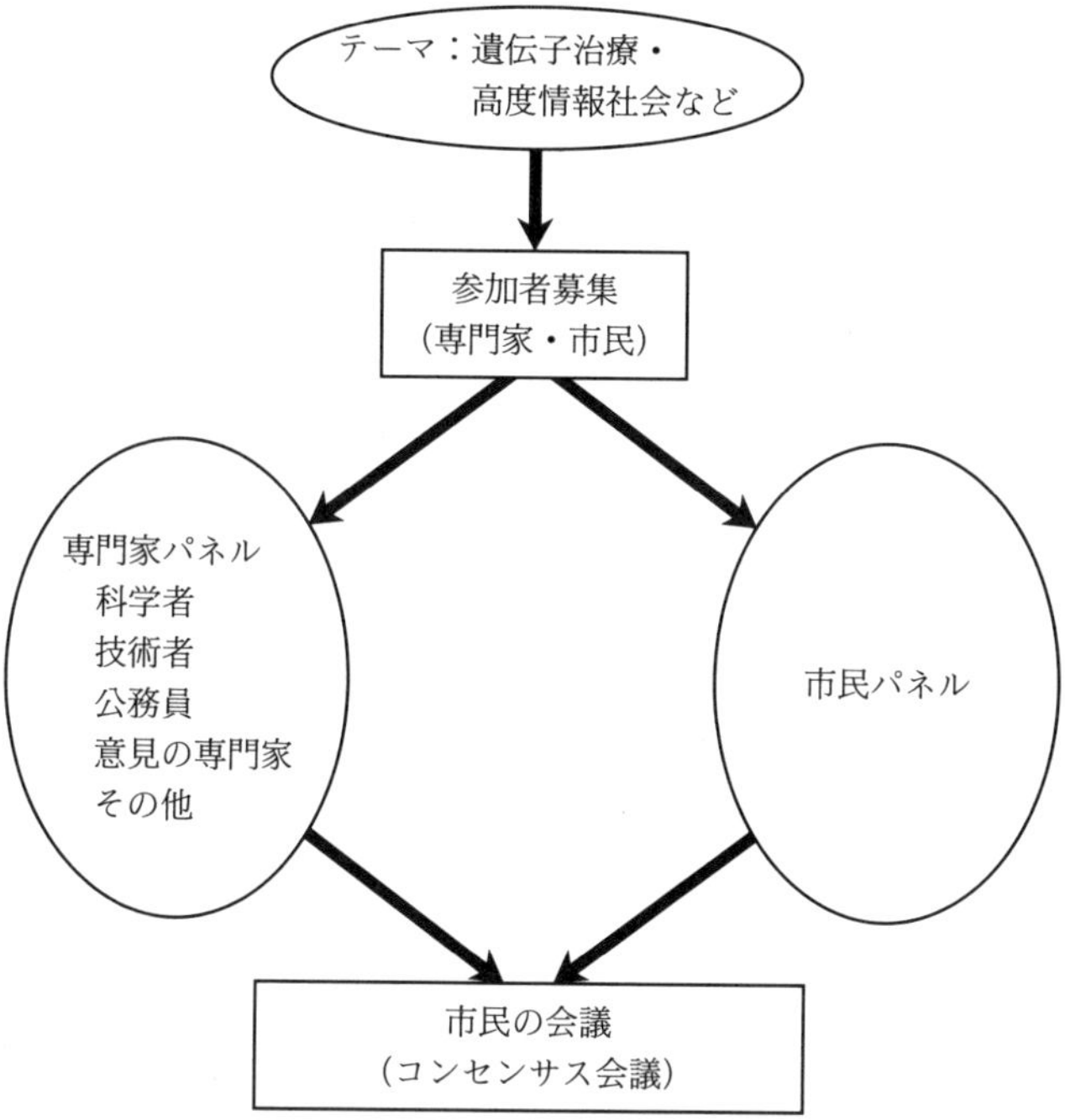

とする特定の科学技術のテーマを選定し、それに利害関係のない市民の参加を募る。その応募者のなかから十数名を選び、この市民を「市民パネル」と呼ぶ。会議のテーマとしては社会的に議論を呼ぶような技術をとりあげ、市民パネルはそれを評価する［Grundahl, 1995］。他方の「専門家パネル」は、市民パネルのもつ疑問に対応可能な専門家（大学教授、企業の従業員、公務員、民間団体の活動家など）から十数名選ばれる。専門家パネルは、市民パネルにその科学技術の状況についてわかりやすい説明をし、市民パネルとの間で質疑応答を行う。市民はその話題について、よく学習し、理解を

深める。その後、市民パネルだけで議論を行い、市民パネルはその科学技術についてどのような判断を下すか、意見を文章としてまとめる。これはコンセンサスと呼ばれ、その意見は公開の場で発表され、新聞等の記事になる。そのなかには市民による提案も盛り込まれる。提案は、研究をどのように進めるのか、規制を設けるのか、あるいはどのような社会制度を設けたらよいのかということにも及ぶ。政治家、行政府などにもこの報告書が配布され、参考にされる。このような形で世論形成と政策形成に利用される。ただし、その意見には法的な拘束力はいっさいない。

特定の科学技術の話題について、市民が参加するのは、公的な会議の場で、専門家と市民がお互いに話し合うことによって、視点を交換するという意味があるといえる。公共の利益を念頭に、市民が真剣に議論を積み重ねるのである。

会議に参加した市民は、ほとんどがコンセンサス会議にかかわって良かったと思うようだ。あるコンセンサス会議の参加市民パネルの一人は、会議終了後、感想を以下のように語った。「コンセンサス会議の結論の文書を誰に読んでもらいたいか、といえば、会議が始まる前の自分に読ませたいと思う。会議で、いろいろなことを学んで、他の市民パネルたちと話し合って、自分の考えが深まった。会議が始まる前には全然思いついていないことを、自分は会議が終了して発表することができた。このような機会が、あることは重要だと思う」。

科学技術に関する問題を専門家だけに任せておかず、市民も参加して話題を考えることによって、新たな論点の提示を行う可能性が高まると筆者は考える。従来、分断されていた専門家と市民が、公的な利益というものの実現に向けてお互いの視点を変える触発の場となるのである。

このような科学技術の評価を市民が行うということがどのようにしてなされてきたのか。まず、技術の評価（テクノロジー・アセスメント）がどのように変遷してきたのかを述べる。

3　テクノロジー・アセスメントの変遷

一九六〇年代、科学技術がもたらす負の側面に対して抗議の声が上がった。それへの対応として生まれたのが技術評価である［中山、一九八一］。当時、米国においてはベトナム戦争における枯葉剤の使用や、アポロ計画を典型とする政府大規模プロジェクトへの批判が強まっていた。これに対抗して、科学者、技術者の側による問題の予防的解決としてテクノロジー・アセスメントが提唱された。

簡単にテクノロジー・アセスメントの歴史を振り返ってみよう。

テクノロジー・アセスメントという言葉が最初に用いられたのは、一九六六年の米国議会の科学研究開発小委員会のレポートにおいてである。環境問題、都市問題、巨大科学への批判への対応としてテクノロジー・アセスメントの概念が編み出された。このレポートにおいては、テクノロジー・アセスメントというのは科学技術の持つ潜在的な危険性についての早期警戒システムという性格のものと考えられた［林、一九九六］。

米国では、テクノロジー・アセスメントの制度化に先立ち、一九六九年に自然環境保護法が施行され、環境影響評価を行うこととなった。これが後にテクノロジー・アセスメントを行う機関の設立につながった［Janes, 1996］。テクノロジー・アセスメント法が一九七二年に成立し、専門部局が議会に設置された。

日本にテクノロジー・アセスメントが紹介されたのは、一九六九年の政府調査団の訪米のときである［日本産業技術振興協会、一九八五］。七一年には、政府の見解として「科学技術の及ぼす負の影響を反省し、人間尊重の立場に立ち、……科学技術の効果や負の影響を事前に予測することが重要になっている」との認識が述べられている。その後、テクノロジー・アセスメントを実施するにあたっての手法の研究が行われ、様々な実施がなされた。一九七一年に五件、七四年には一〇件が行われるまで増えたが、その後漸減していった。日本におけるテクノロジー・アセスメントの取り組みは、当初は新しい産業社会を切り開くツールとみられていた。その後、公害問題が高まり、科学技術の負の効果を予測するテクノロジー・アセスメントの役割が期待された。しかし、技術発展を束縛するようにみられたことで企業から敬遠されるなどから、公害問題の意識が遠のいた時期にはテクノロジー・アセスメントに対する関心は薄れてしまった［寺川他、二〇〇〇］。

欧州においても、一九七〇年代からテクノロジー・アセスメントが行われ始めた。総じて欧州のテクノロジー・アセスメントの特徴は、議会の動きと連携するように行ったことである。さらに、技術をどのように発展させるかということに、能動的思考をした。言い換えると欧州では、どうすれば社会的に望ましい、有用な技術を開発する方法を探求するかということに力を注いだ。

4　市民の参加がなぜ必要とされたか

テクノロジー・アセスメントには各種の方法が編み出されたが、初期においては実際には少数の専門家による影響判断に留まったこともあり、多くの人を納得させるだけの力は発揮できなかった。また、科学技術の影響を予測できるという前提で行っていた。しかし、科学技術の影響を予測することは、元来容易なことではない。また、科学技術だけが世の中の変化の要因ではもちろんない。

一九八〇年代に至ると、情報、バイオ、医療技術の急速な進歩は、われわれの生活をさらに大きく変える可能性をもたらした。一方、地球環境問題も大きな課題となった。われわれの社会をどうしたらよいのか、伝統的に培われた生命観や規範が変えられてしまうという事態をどうしたらよいのかなどをいっそう考える機会が必要となったのである。

現代における科学技術に関する問題は、その科学技術の専門家だけで考えるべきではない。科学技術の影響は広く一般の人に及ぶ。また、一般の人も科学技術の利用者、受益者という立場にも立つ。したがって、一般の人々の振る舞いが問題とされる。一般市民の価値観を科学技術に反映すべきであり、一般市民も科学技術をどのようにしたらよいか考えるべきである。そうでなければ根本的な解決には至らない。

テクノロジー・アセスメントに市民を参加させるという試みは、八〇年代に入って現れてきた。ドイツ、デンマークを中心に原子力発電所、環境問題によって、科学技術に対する住民活動が高まったということも、新しいテクノロジー・アセスメントの潮流の背景をなした。

科学技術のアカウンタビリティ（説明責任）は、今日的な問題である。人々を科学技術についての議論の場に入れることは、手続きとして重要であり、また科学技術の影響を受ける人の価値観を取り入れるという意味でも、重要である。具体的には、生殖医療技術、遺伝子工学の急速な発展、地球環境問題などの顕在化に伴い、一九七九年には経済協力開発機構（ＯＥＣＤ）から科学技術に関する市民参加型の意思決定についてのレポートが提出されている［OECD, 1979］。また、米国のバテル研究所は、'Social Learning' という市民参加のプロセスを加味した新しいテクノロジー・アセスメント手法を提唱した［未来工学研究所、一九八〇］。

そのような時期に、北欧の一角、デンマークでは、テクノロジー・アセスメントをできるだけ多くの関係者の交渉の場とするように変革を求める声が強まっていた。デンマークでは、いろいろな方法が試された。それとともに公的な議論を活発にするということをテクノロジー・アセスメントの目標に掲げた。その一部としてコンセンサス会議という市民が科学技術について議論する主人公になる方法を開発したのである。コンセンサス会議によって、科学技術についての本格的な民主的議論が開始されたのだ。

5　コンセンサス会議の始まり

(1)　テクノロジー・アセスメントと市民参加

先にも述べたように科学者、技術者の側による問題の予防的解決として登場したのがテクノロジー・アセスメントである。初期のテクノロジー・アセスメントには、専門家が科学技術に関する問題を解決できるという前提があった。

しかしながら、科学技術に関する問題について、科学技術の専門家が中立で、公正な政策を提言できるかということに対しては懐疑的な意見が登場した。自身がテクノロジー・アセスメントの推進者であり、全米科学アカデミーの「科学と公共政策」という委員会の委員長であったブルックスは、後年以下のように述べる。「データの評価に不偏的であろうと努力している専門家の間でさえ、不確実性が存在するときには自分の政策の選好がデータと証拠の解釈に大きな影響を与える」「素人である公衆の何らかの形の参加が、（正確には公衆の代表だが）必要とされる。そのような参加は専門家に対して社会的価値を示し、政治が行うべき必要な選択を明らかにすることを助けるのである」として、科学技術は専門家だけによって進められるのではなく、市民の意思決定への参加が重要としているのだ［Brooks, 1984］。

市民参加という形式をとることによって、市民の意識の向上が起きる点に留意が払われるべきである。民主制を支えるにはそうした市民の意識の向上が必要なのである。例えば、ネルキンは、都市計画や大規模工場施設など技術と政治が絡む問題について民主的な決定をするには、いかに正しい情報を得た市民をつくるかが重要なポイントであると指摘する［Nelkin, 1977］。民主主義は本来、正しい情報を得た市民を要求するものであるとも言われる［Ellul, 1992］。市民参加型のテクノロジー・アセスメントは、間接民主主義の補完として機能するものであり、そのような場では、単に市民が参加するだけでなく、意思決定者と専門家、公衆が互いに協力し合うことが必要であるとも主張された［Beckmann, 1993］。

専門的な事項を市民が議論する際には、市民としてもある程度専門事項について知識を得る機会を設ける必要がある。情報を正しく得ながら市民が参加するというモデルの実現に望みがかけられた。

(2) コンセンサス会議の成立

前節に述べたように、科学技術に関する事項について専門家だけで決めることの問題点が認識された。市民の意見を聞くことの意味も検討されるようになってきた。そして、実際に市民に向けた情報公開、啓蒙教育、公聴会、各種の委員会への市民の参加などが行われ、市民の意見の表明がなされる場合も増えてきた。

しかし、そのような努力はあっても、概して政策は政府と専門家によって最終的には上から決められるものであった。政府や専門家は固有の利害関係に縛られていることや、専門家と市民の情報の非対称性などがあり、結局十分に市民の意見が反映されるまでにいたるということにはならなかった。また、市民の意見といっても、往々にして一方的な意見であったり、自らの利害によって意見を言う場合もある。一般市民が、科学技術に関する問題について自ら十分に学習したうえで、社会全体としてどのようにしたらよいのかを責任をもって明確に文書として作成することはなかった。

他方、専門家によるテクノロジー・アセスメントは、科学技術の影響の予期には至らなかった。しかし、テクノロジー・アセスメントは、人為的に科学技術のあり方を変えようと実践したという意味はあった。科学技術の営みを社会的に方向づけることを制度にしたという意味では画期的であった。

科学技術についての問題に対する市民の意思表明という動きと、テクノロジー・アセスメントという制度が重なりはじめ、テクノロジー・アセスメントの実践のなかに市民の意見を反映させるべきだという機運は一九八〇年代に高まった。このような流れのなかで、コンセンサス会議が始められることとなった。

図 3-3　市民と専門家との関係の変化

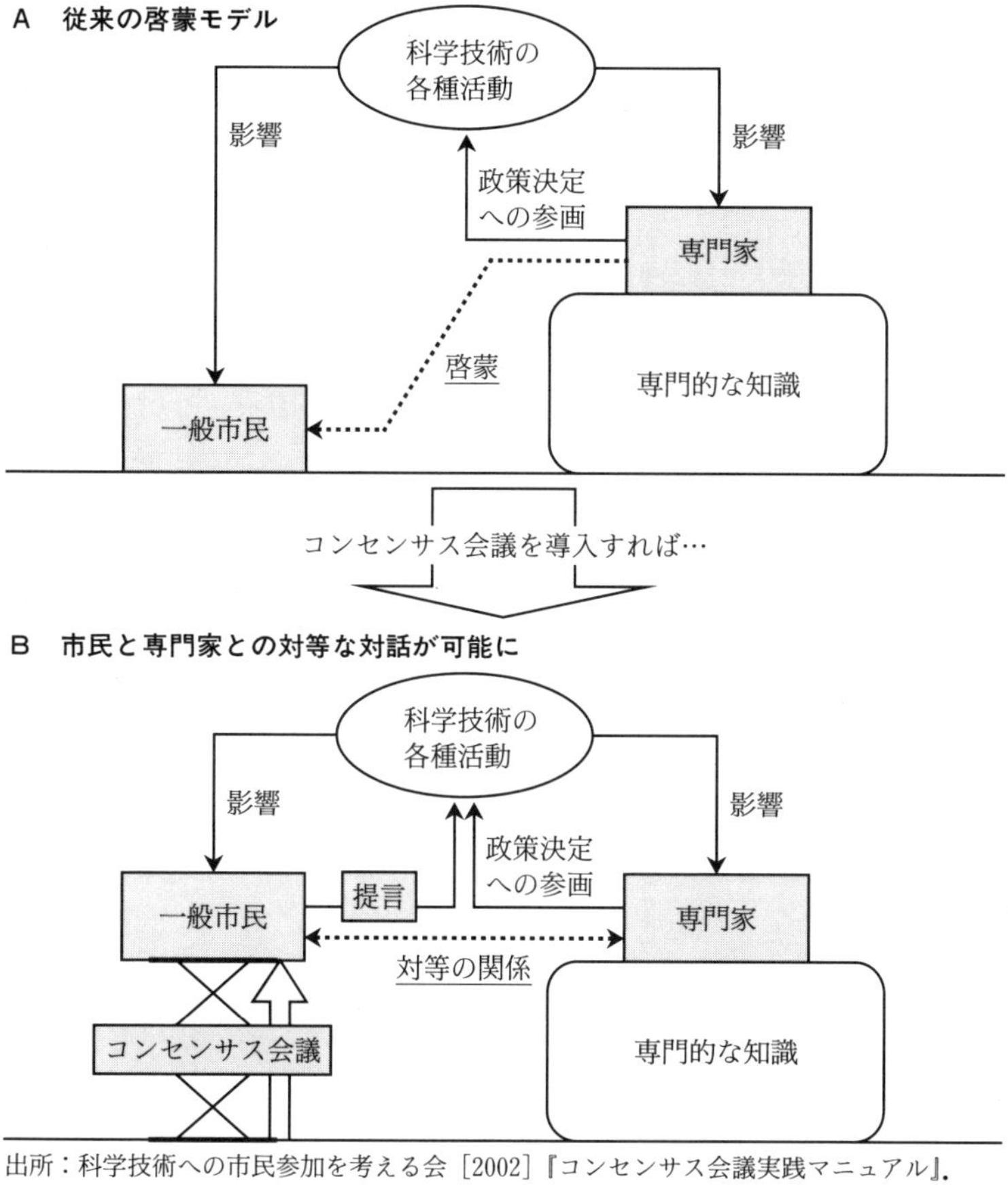

出所：科学技術への市民参加を考える会［2002］『コンセンサス会議実践マニュアル』.

(3) 米国の医療評価制度

デンマークのコンセンサス会議の直接の原型となったのは、米国の医療技術評価制度であった[Jorgensen, 1995]。米国では、医療の新技術を導入する際に専門家による医療技術評価制度が存在する。これは、「コンセンサス開発会議方式」と呼ばれている。これは一九七〇年代に医療費の急増が問題となり、高額な先端治療をどのように進めるべきかという議論に端を発した。医療技術の価値とコストをはかりにかけることとなったのである。医療技術の安全性と効率性を評価するために、手法として、「コンセンサス開発会議」が行われた。これには、さらに源流がある。「科学法廷」という裁判手続きを模擬した会議である。

コンセンサス開発会議方式は、専門家だけで医療技術を評価するのではなく、専門家と一般市民との対話を判断材料として含めるなどの工夫もしている。しかしながら、このコンセンサス開発会議では、結局のところコンセンサスを形成する主体は医療技術の専門家であった。このコンセンサス開発会議がターゲットとした会議の主な聴衆は、医療の専門家であり、一般開業医であり、その他の医療関係者であった。医療の専門家が主体となって、コンセンサスを形成するのであった。この方式の会議は、一九八〇年代前半に欧州各国にも広まっていった。

(4) デンマークにおけるコンセンサス会議の発展

デンマークにおけるコンセンサス会議は、以上のような米国の試みを発展させたものであった。一九八四年にデンマークのテクノロジー・アセスメント活動の総括が行われた。そこでは、できるだけ多くの関係者の交渉の場としてテクノロジー・アセスメントを行うように変革させることが提言された［Cronberg, 1996］。法律によって、科学技術の専門家及び行政、そして市民の参加が必要であり、それら当事者が公的な議論をすることが必要であるとされた。

ここで注目したいのは、市民参加と技術評価に加えて、「公的な議論」という概念が追加されたことである。単なる話し合いではなく、技術について、市民を巻き込んで「公的な議論」をするということが決められたのである。そして、一九八七年に遺伝子工学をテーマとしたコンセンサス会議が開催された。米国の医療評価会議方式を借りてはいるが、デンマークでは、技術を評価し、コンセンサスを得る主体を、専門家ではなく一般市民に変えたのである［若松、一九九六］。なぜ、このようなことがデンマークで始まったのか。背景としては、これまで繰り返し述べてきたように、科学技術に関する問題の処理が市民参加なしには難しいと考えられたことにある。とりわけ、デンマークはコンセンサス会議を開くにふさわしい政治社会風土を持った国であった。デンマークの政治には、直接国民がかかわっていこうという姿勢がある。このような国民の政治に対する姿勢というべきものがコンセンサス会議を開催可能とした条件であった［クルーバー、一九九八］。デンマークでは草の根的な政治活動が行われている。例えばデンマーク技術委員会はコンセンサス会議だけを行っているのではなく、年間一〇〇回もの地域的な科学技術に関する会議に補助金を出すという業務も行っているのである。この地域的な会議には一回に二五人から一〇〇人程度の住民が参加するという。これは科学技術についての会議であるが、科学技術分野に限らず、全国で様々な問題が地域の会議として議論されているのである。

つまり、科学技術に関する議論をめぐる世界的な流れに加え、以上述べたデンマークの政治社会的特色が重なって、デンマークでは市民をテクノロジー・アセスメントの主体とするという決断が生まれたのであった。問題に関心をもつが、専門家ではない一般の人々がつくるパネルがコンセンサスを形成する役を担うこととした。コンセンサス会議は科学技術に関する問題について、専門家および政府によるパターナリスティックな決定方法を修正しようとした企画であったとみることができる。

コンセンサス会議は偶然始まったのではない。現代は先端科学技術の普及によって、科学技術について討議する主体として一般市民が主要な役割を負うことが求められている。歴史的に必要なものとしてコンセンサス会議は始められたといえる。

コンセンサス会議は、一九八七年にデンマークで遺伝子工学をテーマとして最初に行われた。デンマーク以外の国では、一九九〇年代に入って欧州を主に広まっており、現在までに多数の国で行われるまでになった（表3-1参照）。

6　市民の役割

(1)　日本でのコンセンサス会議ことはじめ

日本でコンセンサス会議が始められたのは、一九九八年一月〜三月に、関西において遺伝子治療をテーマとした「遺伝子治療を考える市民の会議」であった。一九名の市民パネルと九名の専門家を集めて、遺伝子治療に関する議論を行い、市民パネルの意見をとりまとめた。

第一回目のコンセンサス会議の経過は、以下のように観察された。

表3-1　各国のコンセンサス会議開催一覧

国	開催年	議　　題
デンマーク	1987	工業・農業における遺伝子工学
	89	食物の放射線照射，ヒト遺伝子のマッピング
	90	大気汚染
	91	教育工学（技術）
	92	遺伝子操作による動物
	93	個人使用の自動車の未来，不妊
	94	交通における情報技術，統合化された農業，電子個人情報
	95	化学物質の環境及び食品の閾値，遺伝子治療
	97	消費と環境，テレ・ワーク
	98	市民の食料政策，将来の漁業
	99	遺伝子組み換え食品
	2000	騒音と技術
イギリス	1994	植物のバイオテクノロジー
	99	放射性廃棄物
オランダ	1993	動物の遺伝子組み換え
	95	バイオテクノロジー
米国(マサチューセッツ州域)	1997	通信と民主主義
	2002	遺伝子組み換え食品
スイス	1998	エネルギーと社会
	99	遺伝子組み換え食品
	2000	臓器移植医療
ノルウェー	1996	遺伝子組み換え食品
	2000	看護に適した住居技術
韓国	1998	遺伝子組み換え作物
	99	クローン技術
オーストラリア	1999	食物連鎖における遺伝子組み換え
カナダ	1998	大学における義務的なコンピュータ使用
	99	遺伝子組み換え食品
	2000	都市のゴミ処理
フランス	1998	遺伝子組み換え食品
イスラエル	2000	将来の交通
ニュージーランド	1996	植物のバイオテクノロジー
	98	植物のバイオテクノロジー
	99	生命工学的疫病コントロール
日本	1998	遺伝子治療
	99	高度情報社会とくにインターネット
	2000	ゲノム科学，遺伝子組み換え農作物
	01	遺伝子組み換え農作物
	02	遺伝子組み換え農作物

第一に、市民パネルとして参加した市民の学習、発言の意欲の高さがみられた。この意欲の高さは予想をはるかに超えたものであった。当初、市民パネルに応募した参加者が、途中で飽きて来なくなる人もいるのではないかと危惧していたが、杞憂であった。また、会議上でも、活発に質問、意見があった。デンマークで行われているコンセンサス会議は、市民の討議というデンマークの政治で行われてきた伝統の上で行われているものであり、それを日本にもってきても、日本人はあまり公の討論など慣れていないので難しいのではないか、という冷ややかな見方があったが、それは完全に否定された。

第二に、専門家もこの会議の意義を認め、積極的に参加した。科学者の説明責任の意識は高いものであった。遺伝子治療に関して第一線の方だった。市民パネルに要領よく説明するためだけなら、必ずしも第一線の専門家でなくてもよいのではないか、あるいは評論家のような説明が上手な人の方がふさわしいのではないか、という意見もあった。しかしながら、今回の会議で、市民パネルがこれほど熱心に参加された要因は、遺伝子治療の現場で仕事をしている方々が集まったということにある。そのような人が集う大事な意味をもった会議であると認識されたことが、市民にとって大きな動機づけになった。

市民パネルとして参加した人の会議を終えての感想は、会議をおもしろいと感じ、遺伝子治療について議論するにはもっと深い理解をする必要があると考え、市民パネルの議論は、全員が「活発であった」とした。ほとんどの人が「議論の時間は不十分であった」とした。結論を導くのに十分議論を尽くせなかったと残念に感じていた。会議は土曜日を三回費やす価値があったと評価する人が全員であった［木場、一九九八］。

また、翌一九九九年にも第二回目のコンセンサス会議が、「高度情報社会——とくにインターネット」

をテーマとして行われた。コンセンサス会議はこれまでに六回行われた。テーマは、「遺伝子治療」、「高度情報社会――とくにインターネット」、「遺伝子組換え農作物（三回）」、「ゲノム科学」である。遺伝子組み換え農作物は農水省が、ゲノム科学は科学技術庁（現在の文部科学省）が資金提供者となった。初期の実験的なコンセンサス会議が新聞でニュースとして取り上げられたため、政府も関心を抱き、開催するようになった。コンセンサス会議は市民による議論のあり方の好例を提供していると一部に強い注目を集めているものの、まだ、日本では一般的にはそれほど認識されていない。

(2)　市民パネルの属性、啓発への意欲

①市民パネルの傾向

遺伝子治療をテーマとしたコンセンサス会議では、市民パネルを一般から募集した。参加を表明した市民パネルはかなりこのテーマに高い関心をもっていた。また、自主的発言意欲をもった人たちであった。会議に先だち、市民パネルに対して、簡単なアンケートを行った。アンケート結果によると、市民パネルの構成は一般国民に対する世論調査と比べると、科学技術について非常に関心があるとした人が多かった。

日本のコンセンサス会議の市民パネルは、コンセンサス会議に自ら応募してきた人から選ばれた。そのため市民パネルは、科学技術に対する関心が高く、また、科学技術がもたらすプラス面だけでなく、マイナスの側面をも憂慮するという傾向がある。とくに科学技術の面に鋭い感覚をもった人々であった。市民パネルは、注意深い公衆であったことはおおいに注目すべきである。

「科学技術についてのニュースや話題に関心がありますか」という質問を市民パネルに行った。この質問は総理府が一九九五年に行った一般国民三〇〇〇人を対象とした世論調査で同じ設問がなされている。一般国民と比べ、市民パネルでは割合でみれば、「非常に関心がある」と答えた割合が高く、それに応じて「あまり関心がない」、「全然関心がない」とした割合が低い。例えば「あまり関心がない」あるいは「全然関心がない」としたのは市民パネルでは一一％だけであるが、総理府調査では四二％にものぼる。

②市民パネルの学習と意見の変化

市民パネルは極めて熱心に会議に参加した。専門家の初歩的な事実説明は、市民パネルに強い影響力をもち、市民パネルの理解レベルは急速に高まった。例えば日本の場合、「遺伝子治療には将来多くの病気を治せる可能性があると思いますか」というアンケートの問いに対し、会議の初めと終わりを比べると肯定的な答えは減っている。

また、「ガン患者へ遺伝子治療をすること」についての質問に対しては「積極的に推進すべき」という意見が「慎重にすべき」に変化している。これについては、ある専門家が、「遺伝子導入自体の効率が低いことなどから遺伝子治療の実績は上がっていない」と述べたことに影響されていたと思われるし、また、他の専門家も「これまでの遺伝子治療で、有効な治療成績を得られた症例は予想に反して極めて少ない」と述べたことに関連して、市民パネルの判断の変化が起きたと考えられる［「科学技術への市民参加」研究会、一九九八］。現状では遺伝子治療は試験的なものにとどまり、顕著な治療例は少ないことなどを繰り返し説明されたため、市民パネルは遺伝子治療の現実性について懐疑的になった。事実認識

図 3-4　科学技術に対する関心

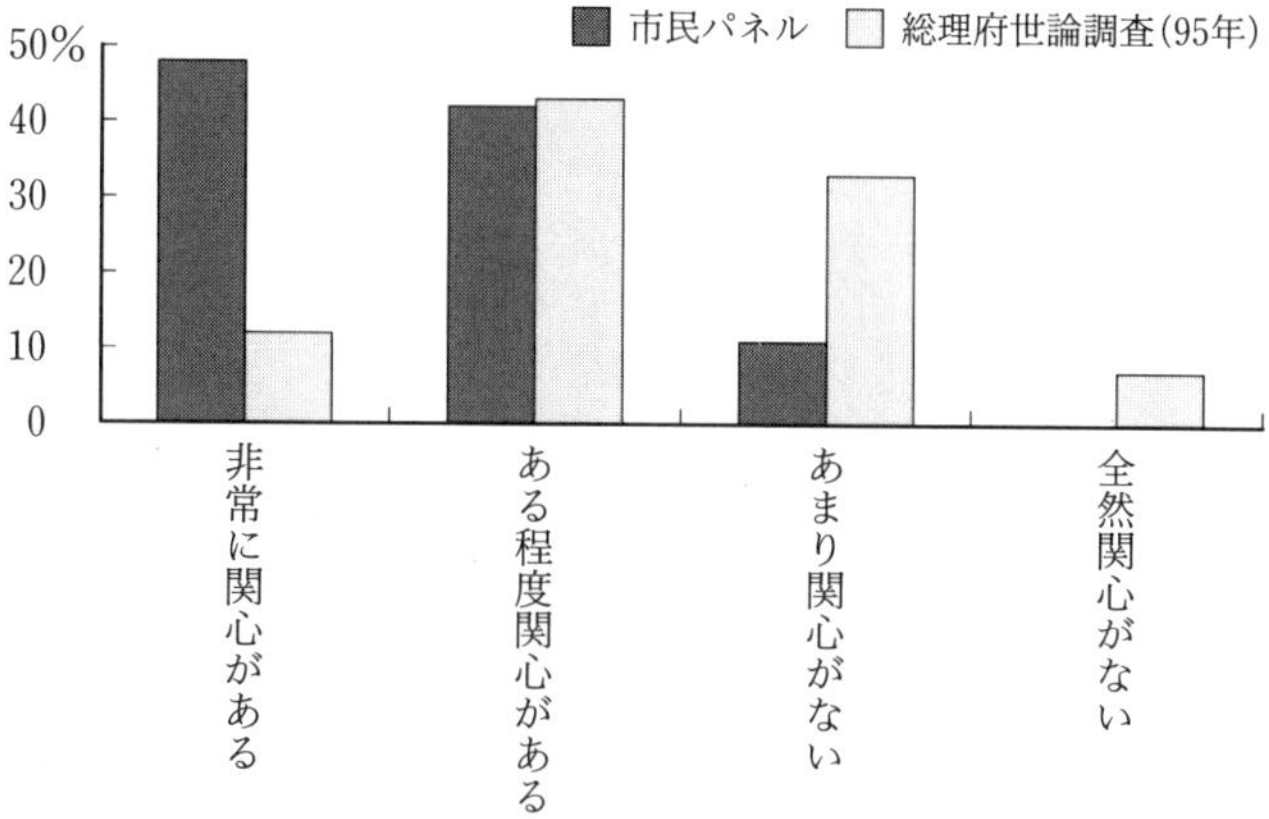

注：「科学技術への市民参加」研究会［1998］，42-43ページ．

のレベルでは、市民パネルは、専門家の説明を素直に受け入れるというのは各国共通の事態である。

③新たな問題の発見

しかし一方で、市民パネルは専門家の信憑性を疑ってかかる側面もみせた。市民パネルは専門家の話を鵜呑みにばかりしているわけではないこともまた、各国の経験が示すとおりであり、この点では日本も同様であった。日本の場合から言えることは、科学論の教科書が教えるとおり、専門家は狭い領域についての専門家であって各人が話をできる領域は限られている。その領域内の話については専門家をひとまず信用することができるのである。だが、遺伝子治療全体、あるいは遺伝子治療を行う社会をどうしたらいいのか、というような広い問題を考えるには、各専門家の話を聞いただけではつなぎあわない部分が必ず生じるのである。

例えば、医学の専門家は「遺伝子治療は完全とは言いきれないが安全であろう」、という言い方をしがちだった。それでは本当に安全なのかわからないという疑問が市民パネルから生まれ、遺伝子治療の安全性について確認する第三者機関が必要であるという意見が生まれた。また、他に治療法がないような重篤な患者に限って試験的に遺伝子治療を行うというのが遺伝子治療の現状である。遺伝子治療のために用意されていたインフォームドコンセントの書式には市民パネルから批判があった。遺伝子治療を受けるかどうかというだけではなく、余命いくばくもない病人には、尊厳死やホスピスという選択肢も提示すべきであるという意見が生じたのである。

従来は、専門家の手に委ねられても当然と考えられたことが、市民パネルが参加することによって、専門家だけで安全性を確認するのはおかしいとか、医師に従属的にならざるをえない重篤患者の立場に立った場合のインフォームドコンセントのあり方という問題点が指摘された。言い換えれば、問題点が可視化されたのである。このようなことが起こるのは、遺伝子治療のような先端分野では、多くの状況が専門家に白紙委任されているためである。専門家だけの処理では見えなかったことでも、市民パネルの立場でよく考えてみると実は問題ではないか、他の解決方法もあるのではないかという考えが出てくるのである。専門家の知識と権威にとって都合の良い考え方や処理が、実は他の角度からみたら問題があるではないかと疑われるのである。

つまり、市民パネルは専門家の話を信じるだけでなく、社会的な問題がどのように起こるかをリアルに考える。コンセンサス会議によって示される市民パネルのコンセンサスは、一般市民の庶民的感覚だけを表現しているのではない。専門家の言うことを聞き、理解したうえで、さらに、新たな角度からの意見を付け加えている。

④まとめ

コンセンサス会議では、一般市民から、知的好奇心旺盛な人たちが応募し、市民パネルが形成される。この市民パネルは、科学技術に関する関心が高い。そして市民パネルは、個別具体的な問題について学習し、理解を増進する。市民パネルは知識を備え、一般市民よりもずっと啓発された存在となる。そして市民パネルは専門家の説明に信頼を寄せたり、あるいは批判をしたりする。専門家の説明だけでは完結しないので、そこに新たな問題の発見をする。

市民パネルの意見は、専門家からの説明を特別に受け、最終的には新たな問題発見にまでたどりつく。一般市民の次元の感覚に主に基づいているのであるが、専門家の意見を無にするものではなく、最終的にはそれらが融合した新たな思考の産物が会議の「コンセンサス」になる。そのような議論は私的な立場ではなく、より公的な角度からなされるものだ。

(3)　政治へのインパクト

コンセンサス会議自体の直接の目的は、市民パネルのなかで合意をつくることである。しかしながら、コンセンサス会議が社会的にどのような機能を果たすかという観点からみれば、他にも解釈できる。政治的決定に直接の影響力があるという捉え方と、より間接的なものであるという捉え方に分けられる。

デンマークではコンセンサス会議が政治に多少ではあるがインパクトを与えているいくつかの実例がある。例えば遺伝子工学のコンセンサス会議の結論は、遺伝子の検査を生命保険の加入や雇用の条件に加えてはならないという政治的決定に結びついた。また、環境問題については、ガソリンの価格を引き上げるということがテーマとなり、環境保護のため適切な課税がなされるべきであるという結論を受けて、環境担当の大臣がガソリン価格を四倍に引き上げるべきだと言って政治問題化した。また、食品に対する放射線照射については、香辛料だけに認めることとし、他の食物は照射しなくても新鮮なものを食べられた方が良いというコンセンサス会議の結論が実行に移された。遺伝子操作動物を使った新薬生成について慎重であった製薬会社が、コンセンサス会議の結果を受けて、遺伝子操作動物を用いた製薬を行うようになった。国民すべてに電子身分証明カードを持たせるという案については、会議を行う前には極めて反発が強かったが、会議を行ってみると利点もあるのだということがわかった。またテレ・ワーク（在宅勤務）については、それほど大きな問題としておそれるほどのものではないということがコンセンサス会議の結論になった［クルーバー、一九九八］。

デンマークのコンセンサス会議が政策へ影響力があったことを強調するこうした説明は、コンセンサス会議の結果がすなわち社会的なコンセンサスの形成を意味するという理解につながる。

(4)　日本の場合——問題の可視化

デンマークでは、そのような政治的インパクトがコンセンサス会議にあるとしても、まだ試行状態にある日本では状況が異なる。そしてコンセンサス会議の意味も異なって解釈して良いと思われる。すなわち、市民パネルのコンセンサスが社会的コンセンサスにつながるには、政治的決定を経ることが必要である。だが、日本でそれが可能であろうか。初歩的な科学知識もない素人の市民の判断に決定を委ねるのは危険であるという批判が専門家から出ることは見やすい道理であると指摘される［小林、一九九七］。

以下では、日本におけるコンセンサス会議の経験から、コンセンサス会議の社会的機能は、潜在的な問題の可視化にあると私は主張する。日本におけるコンセンサス会議（一九九八年の「遺伝子治療を考える市民の会議」）の実例に即して状況を述べよう。

コンセンサス会議に参加する市民のメンバーは、国民を代表しているわけではまったくない。前述したように日本のコンセンサス会議は、市民パネルのメンバーは科学技術に強い関心をもつ人が多いという点で、明らかに構成に偏りがある。また、市民の意見は必ずしもすべての事項について熟考し、議論がつくされたわけではない。コンセンサス会議は短期間で行われ、議論が百出した後、何とかそれを文書にまとめる。コンセンサスといっても一時的な同意に過ぎない。デンマークでは一日半以上かけて明け方まで議論したというが、それでも全員が完全に納得するコンセンサスがつくられるわけではない。

しかしながら、そうしてつくられたコンセンサスの文書は、他の人にとって分かりやすい一つの目安にはなる。一時的にせよ合意ができたことは、他の一般市民が同様な問題を考えるときの一つの参考材料になる。逆に言えばコンセンサス会議は長期的に有効な社会的なコンセンサスをつくるものではない。一時的なコンセンサスの文書を作成しただけである。

では、コンセンサス会議を開催する意味は何なのだろう。それは、従来切り離されていた素人と専門家がコンセンサス会議において一堂に会するとき、科学技術についての理解に新たな解釈が生まれる可能性があるということだ。すなわちコンセンサス会議の本質的な意義は、通常の状態では十分に認知されないような問題点を民主的な手続きで発見することであり、「問題の可視化」をすることにある。

従来、科学技術の専門家に任せておけば科学技術のあり方は自然と決まった。人々はそれを受け入れるしかなかった。しかし現在は、科学技術と政治経済社会が複合したところに問題が発生している。ここに多少手間暇がかかっても、科学技術のあり方の決定に市民を参加させるメカニズムの必要性があるのだ。

単に市民が参加すれば良いというものでもない。科学技術とそれを取り巻く政治経済社会のあり方を見通した新たな価値の編成が求められるのだ。それをうまくコントロールしていくことが求められる世の中になろう。わが国の政策形成過程を考えてみると、政策課題は専門家や政府関係者といった当事者には、その問題の性質と解決の選択肢がわかっているが、市民にはそれがわからないままでおかれてきた。市民からみてどのような政策選択肢がありうるか、わからなかったり、市民に政策形成過程がみえない状況では、コンセンサス会議のような市民の会議だけ行っても政策形成には容易に結びつかない。日本の現状では、政策決定メカニズムのなかに市民の意見が位置づけられないのである。市民にとってとりあえずは、問題を知るという意味での「問題の可視化」が重要である。

上述したコンセンサス会議の問題の可視化の具体例は以下のようである。コンセンサス会議でみられたこととしては、日本の遺伝子治療のときは、インフォームドコンセントの書式に批判が集中した。市民パネルから、ホスピスや尊厳死という選択肢が重篤な患者には与えられるべきだとされた。これは患者の立場に立ったとき必要な選択肢を増やすべきだという意見なのである。それは遺伝子治療に協力するか否かというだけの選択肢の提示と異なるものであった。遺伝子治療において医師が想定したインフォームドコンセントに盛り込まれた選択肢は、瀕死の患者が必要とする選択肢とずれが生じていたのである。インフォームドコンセントの書式の問題は、従来医師が中心となって考えてきた。医師という専門家集団で形成されたパターナリズムに基づいた決定では見えなかったこと、すなわち患者の立場における選択肢がありうるという事態がコンセンサス会議によってあぶり出された。また、市民パネルから遺伝子治療の安全性について第三者機関を設けてチェックするべきだという意見がでた。この背景には確実に市民パネルのもっている医療不信という感覚がみられた。

高度情報社会のケースにおいては、自己情報コントロール権（個人に関する情報は適法かつ公正な手段によって個人の同意を得たうえで収集されるべきであるということなどを内容とする）という概念が重要であるとして、これをインターネットを使う人の義務としようという意見がまとめられた。これは従来、権利としてみられていたことを義務と表現するという新しい発想であった。また自己情報コントロール権について言及したのは一人の専門家であるが、かならずしも他の専門家がそれを意識していたのではなかった。他の専門家にとっては自己情報コントロール権の重要性はみえていなかったのである。これを市民パネルがとりあげたのは、やはり「問題の可視化」といえるであろう。また、デンマークの不妊の会議では、不妊治療医ならばおそらくは、言及しないであろう「養子制度の活用」を市民パネルは論点としてとりあげた。これも科学技術の専門家が取り上げない点を問題として提起した例といえる。以上述べたようにコンセンサス会議の意義は社会のコンセンサスを得ることではなく、専門家主義によって隠された「問題の可視化」をすることにあるのである。

専門家と市民の相互交流が少ない社会においては、お互いの思考や固有の論理がダイナミックに作用を及ぼす場が乏しい。日本はタテ型の社会ともいわれ［中根、一九六七］、ヨコのつながりが乏しい。そのような社会においては、意図的に専門家と市民の交流の場をつくることが有効である。専門家と市民の文脈を能動的に相互作用させることが必要である。

このようにコンセンサス会議の開催は、市民の議論によって問題を可視化し、専門家だけに決定を任せてしまう危うさを避ける道を切り開ける。

(5) 貴重な市民パネルによる文書作成

コンセンサス会議の結論は、市民パネルだけで文書としてまとめられることになる。この最後の文書作成を市民だけで行うのが特徴である。夜を徹して行われることもある。これに対して政府の審議会では、委員の先生は忙しい方が多いのか、結論の起草はほとんど事務局任せである。これによって、事務局が審議の内容を結論に書き込むと同時に微妙な言い回しによって、当局の都合の良いように結論づけてしまうことが往々にして起きる。脳死臨調の場合もそうであったとされる［立花、一九九二］。また、経済産業省の新エネルギー導入計画をめぐる部会の結論の出し方にもその弊害がみてとれる［木場、西出、二〇〇二］。これとは違ってコンセンサス会議では結論部分を最後まで市民が書く。それにより、市民の議論の内容が明確になるのである。

(6) コンセンサス会議への懸念

しかし、そのように周到に行われるコンセンサス会議でも脆弱な点はある。コンセンサス会議の会議の設計と、市民パネルおよび専門家パネルの選出が事務局の意に任されているということなどから、「日本では、コンセンサス会議とは、政策立案、実行にあたる主体が民意反映の装いが必要になったときにそのような装いを御意のままに提供する手段となる可能性を不断にはらむ」と指摘される［松本、二〇〇二a、二四四頁］。また、小林は二〇〇〇年の遺伝子組み換え農作物のコンセンサス会議のファシリテーターを務めた経験を持つが、二〇〇二年に出版された『公共のための科学技術』という本のなかでコンセンサス会議について、何らかの行政の意図に会議が左右されるのではないかという疑念がもたれうると指摘している。これは松本と共通の懸念である。小林は、コンセンサス会議の主催者の意図的利用という危険性への対策として、会議の運営の様子をすべて観察する評価者を置くことをあげる。それがコンセンサス会議の信頼性を確保する道と提案した［小林、二〇〇二］。

また、コンセンサス会議の報告書そのものは、それまでの行政機関の考え方と噛み合わないところが多くある。報告書を政策に生かすには、市民の作成した報告書の趣旨を尊重しつつ、行政機関の政策体系になじむように表現振りを修正し直すという工夫が有用と私は考える［Kiba, 2001］。

7　裁判員の選出についての検討

来年（二〇〇四年）、日本にも裁判員制度を刑事裁判に導入することが法制化される。職業裁判官に、しろうとの市民が裁判員として混じるということになる。これはコンセンサス会議の市民パネルに類似しているところがある。

ところで、現在予定されている裁判員制度では、選挙人名簿から無作為抽出で裁判員を抽出する。これは、日本の法の重要な原理である「法のもとの平等」を、裁判員制度にもあてはめたものとみられる。

すなわち、司法権に参画する道を広く国民に開くならば、何人といえども同等であるというものだ。裁判員や陪審員をどう選ぶかは、外国に例があることなので、まずは、それらを比較検討して、諸方式の得失を考えるべきだろう。

日本弁護士連合会の資料に簡単にまとめられた欧米各国の陪審員の選び方をみてみると、国によってかなり違いがある。米国では、選挙人名簿などから無作為に選んでいる。フランスも選挙人名簿から無作為に選んでいる。ところがイタリアは、市民の自薦に基づく名簿から無作為に選んでいる。ドイツは事実上、政党が関与して選んでいる［日本弁護士連合会、二〇〇三］。なお、米国では州ごとに選び方が少しずつ違っているようである。米国では、選挙人名簿といっても自分から登録をしないと選挙人の名簿に載らないそうである。日本のように自動的に市役所が、住民票があれば選挙人名簿に載せてくれるのとは違う。また米国では、自動車免許の名簿から陪審員を選出する州もあるとのことである。*

少し飛躍するかもしれないが、裁判員の選び方について、先に述べたコンセンサス会議の結果から、類推を試みる。

デンマークのコンセンサス会議では、国民に対して無作為抽出で案内を出して、案内を受けた人のうち、自分が参加しても良いという人が応募し、そのなかから市民パネルを選ぶという手続きであった。日本のコンセンサス会議は、これとは少し仕方が異なり、従来は広告などで公募し、それに応募してくれた人のなかから市民パネルを選んだ。どちらにしても自らコンセンサス会議の市民パネルを務めたいという意思を表明した人に市民パネルを依頼した。

日本においてコンセンサス会議が会議として機能したのは、この自発的に応募するということが大きなポイントであった。すなわち、専門的なことがらを学習し、進んで専門家と議論をしようとするだけの意欲を持った人たちの集団がコンセンサス会議を成立させた。この経験は、裁判員の選定に参考にならないだろうか。何人といえども平等であるというのは当然であるが、わが国において裁判員制度を導入し、その目的の通りに根づかせるには、まずは裁判員に任命された人たちが裁判員として十分役目を果たさなければならないはずだ。

それゆえ私は、選挙人のうち、裁判員になってもよいという意思表明をする機会を設けて、その意思表示をした人のなかから、裁判員を選ぶという方式についての検討の余地があると考える。そのような検討の余地があることを主張しておきたい。イタリア、ドイツでは、自薦あるいは、政党の推薦で行われているというのは、そうした事情も配慮してのことではなかろうか。また、米国もそもそも選挙人名簿は自分から登録する制度なのである。

日本の裁判員制度も、自発的な登録制とし、登録をあえて行った者から無作為抽出するということの可能性も検討する余地があると思う。このような会議は、個人の関心や自発性が成否を左右するきわめて重要な要素になると思うからだ。諸外国をみても、自動的に抽出ということには必ずしもなっていない。この点については、あまり世論は注目していないようだ。そうした例を検討すべきである。

＊ 二〇〇三年五月二三日、「市民の裁判員制度つくろう会」総会会場にて、聴取したところによる。

8　政府、専門家、市民による新たな方向性への期待――価値の再編と知識の活用

あらゆる行政分野において市民参加の様々な方式が模索されている。将来的にはコンセンサス会議は現状のものに止まらず、科学技術に関する他の市民参加のパネルシステムに形を変えて行われたり、他の政策分野で応用されることが考えられる。コンセンサス会議の違った仕方がつくられ、日本の社会のなかに根づいていくかもしれない。市民がそのような場に参加し、まともに議論することがどれほど貴重であるかは、参加した人でなければ容易には理解できないだろう。コンセンサス会議において、市民と専門家が対等に議論できたことは事実として貴重である。お互いが対等に議論し、意識の共有の機会が増えることが、専門家と市民のコミュニケーションの土台となることであろう。コンセンサス会議は、科学技術という最も専門的な分野における専門家と市民の対話の試みであった。コンセンサス会議について現在指摘される問題をとらえて、否定的にみるべきではない。むしろ、各分野で市民参加が行われるような社会になったときに、コンセンサス会議のより良い実践がなしうるだろう。

一般に科学者、技術者のもっている自分たちの知識の普遍性に対する信念はかなり強固である。なおかつ自分の専門領域に閉じこもりがちである。彼らの行動様式を規定する価値は、学界や社会の権威から与えられた役割をこなすことに重きがあって、自らあえて新たな社会的な意思形成に関与していこうとはあまり考えていない。そのような気質に対して、コンセンサス会議は一つの効果があるとみることができる。

図 3-5　市民と産学官の関係

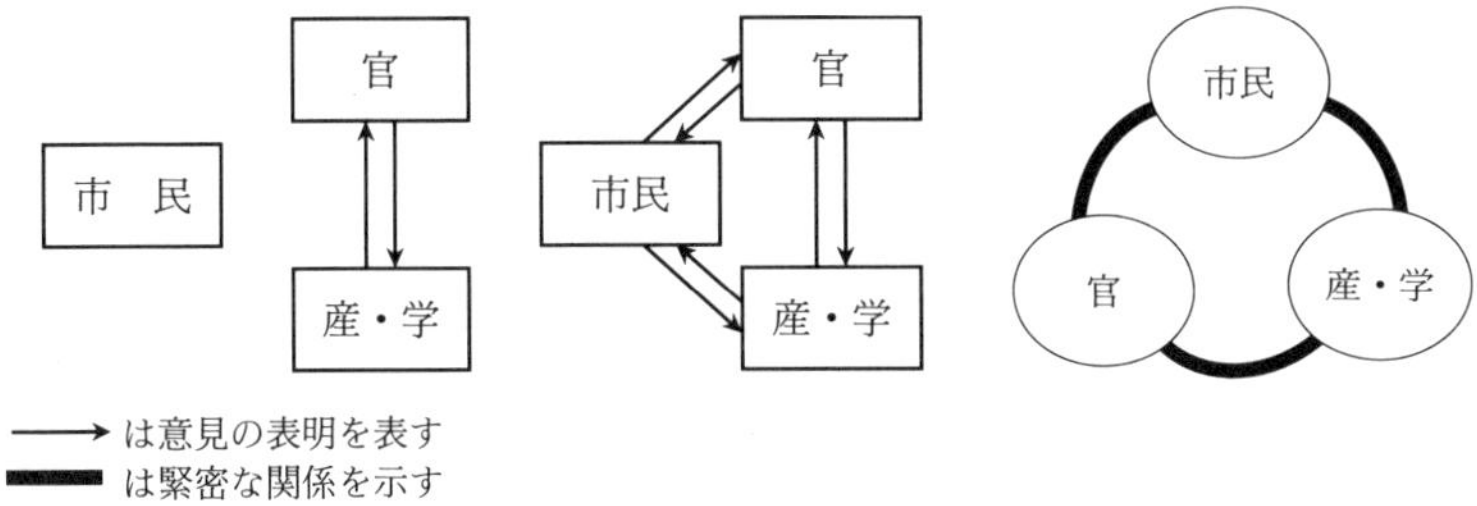

それは、現実社会とのかかわりにいささか関心の薄い専門家の心を揺さぶる「無知の知」を自覚させる役割である。コンセンサス会議では、専門家と市民が立場を交換して、話し合うので、お互いの意見を知り、相互理解を深める。同時に専門家は、市民パネルとの議論を通じて自らが何を知らないかということを知る機会にもなる。コンセンサス会議では市民と専門家のお互いの無知が露《あらわ》になる。

そして市民と専門家が相互交流しながら、新たな次元へ思考を発展させる。それは、社会的合意形成を図るというより、その大きな合意形成過程の基礎的部分である問題の可視化として役立つのである。問題の可視化には、まず、わからないことがわかるということが必要である。コンセンサス会議は本来の目的はコンセンサスを探ることであるが、日本の状況下では、実態としては問題探索を行うという意味合いが強いといえる。そのためには、わからないことを知るということにも重要な意味があると考えるべきである。

日本の科学技術に関する意思決定システムは、今まで述べたところから一般に以下のように表すことができる。図3-5左のように、政策は、産学の要請に基づき、立法府の付託を得た行政府(官)が取り決める。市民は意思決定にほとんどかかわることはない。

コンセンサス会議方式が目指すところは図3-5中のような形とみることができる。市民が産官学に対して意見を言うことができる。コンセンサス会議を経験して感じることは、会議において必ずしも市民が明確な結論を導くわけではなく、結果よりも会議を開いたというプロセスに重要性があるということだ。会議を開いた効果は、会議に参加した人やそれに関心をもった人に及ぶ。

その効果を理想的に描けば、例えば図3-5右のようになる。これは、理想像であるが、市民と官、産・学が話し合った結果、それぞれの意見が少しずつ変わることが期待される。それによって、新たな科学技術政策の方向性がみえるのではないかということである。無知の知を自覚し、公的な角度から議論をすることによって、各自の意見が少しずつ変わって新たな世論の形成が期待される。

コンセンサス会議は広い意味で一種のワークショップといえる。ワークショップとは、市民の体験の共有に基づく、未来指向の会合であり、現在、広まりつつある［中野、二〇〇一］。

コンセンサス会議以外にも、シナリオワークショップなどさまざまなパネルシステムが実験されている。それらの発展と普及に期待したい。

引用文献等

会津泉［二〇〇二］「インターネットのグローバル・ガバナンス」高橋徹、永田守男、安田浩編『次代のＩＴ戦略』（ＮＩＲＡチャレンジブックス）日本経済評論社、二五七〜二八九頁。
『朝日新聞』［二〇〇二］「農水省に重大な失政　ＢＳＥ」三月二三日朝刊一面。
市川惇信［二〇〇〇］『暴走する科学技術文明』岩波書店。

犬飼重仁（NIRA）他［二〇〇〇］『グローバル経営と新しい企業金融の原理原則』リックテレコム、二七五頁。

エリュール、ジャック／島尾永康、竹岡敬温、鳥巣美知郎、倉橋重史訳［一九七五］『エリュール著作集　技術社会（下）』すぐ書房。原典 Jacques Ellul, *Technological Society*, 1954（初版）, 1964（アメリカ版）。

科学技術庁計画局［一九七四］「VTOL機のテクノロジーアセスメント」、『テクノロジーアセスメント』。

「科学技術への市民参加」研究会［一九九八］『遺伝子治療を考える市民の会議報告書』E一七〜一八頁。

片平洌彦［一九九七］『ノーモア薬害』桐書房。

木場隆夫［一九九八］「コンセンサス会議における市民の意見の形成についての考察」『STS NETWORK JAPAN』七月、一九〜三三頁。

木場隆夫［一九九九］「コンセンサス会議の社会的意義についての考察」『総合政策』第一巻第二号。

木場隆夫［二〇〇〇］『コンセンサス会議の形成とその意義——科学技術への市民参加についての考察』東京工業大学。

木場隆夫、西出拓生［二〇〇二］「新たな公共技術開発システムの動き——風力発電を例に」日本公共政策学会発表。

ギデンズ、アンソニー／佐和隆光訳［一九九九］『第三の道』日本経済新聞社、一〇五〜一〇九頁。

ギボンズ、ミカエル他／小林信一監訳［一九九七］『現代社会と知の創造　モード論とは何か』丸善。原典 Michael Gibbons, Limoges Camille, Nowotny Helga, Schwartzman Simon, Scott Peter and Trow Martin, *The New Production of Knowledge: The Dynamics of Science and Research in Contemporary Societies*, 1994.

クルーバー［一九九八］一〇月一三日、デンマーク技術委員会事務局長 Lars Kluver から東京にて聴取した。

児玉文雄［一九九八］「経路依存性と協力・競争」進化経済学会編『進化経済学とは何か』有斐閣。

小林傳司［一九九七］「拡大されたピアレビューの可能性――『コンセンサス会議』の事例」『STS NETWORK JAPAN』六月、五〜一七頁。

小林傳司［二〇〇二］『公共のための科学技術』玉川大学出版会、一六六〜一七一頁。

高橋徹［二〇〇二］「インターネットの生い立ちと今後」高橋、永田、安田編、前掲書、二三二〜二四五頁。

立花隆［一九九二］『脳死臨調批判』中央公論社。

ディクソン、デビッド／里深文彦監訳［一九八八］『戦後アメリカと科学政策』同文館。原典 David Dickson, *The New Politics of Science*, 1984.

寺川仁、木場隆夫、平野千博、木村良［二〇〇〇］『一九七〇年代における科学技術庁を中心としたテクノロジー・アセスメント施策の分析』科学技術政策研究所。

東京弁護士期成会［一九九六］『官官接待・住専・薬害エイズと情報公開』。

中根千枝［一九六七］『タテ社会の人間関係』講談社。

中野民夫［二〇〇一］『ワークショップ』岩波新書。

中山茂［一九八一］『科学と社会の現代史』岩波現代選書、二五〜二九頁。

『日経ビジネス』二〇〇二年八月五日・一二日号「金融ムラの掟破る異業種三人」三〇〜三四頁。

日本産業技術振興協会［一九八五］『TAの有効性発揮の条件調査』。

日本弁護士連合会［二〇〇三］第二〇回司法シンポジウム　国際会議「国際水準からみた裁判員制度」資料集、一五一頁。

NIRA［一九九二］『科学、技術、文化と発展に関する研究』一八頁。

林隆之［一九九六］「七〇年代日本のテクノロジーアセスメントについて」東京大学提出論文。

バーンズ、バリー／川出由己訳［一九八九］『社会現象としての科学』吉岡書店。原典 Barry Barnes, *About Science*, Oxford, 1985.

ブーアスティン、ダニエル／伊東俊太郎訳［一九八六］『技術社会の未来』サイマル出版会。原典 Daniel J. Boorstin, *The American Future*, 1986.

ベック、ウルリッヒ／東廉、伊藤美登里訳［一九九八］『危険社会』法政大学出版局。原典 Ulrich Beck, *Risikogesellschaft*, 1986.

ベック、ウルリッヒ他／松尾精文他訳［一九九七］『再帰的近代化』而立書房。原典 Ulrich Beck, 'The reinvention of politics', *Reflexive Modernization*, 1994.

松本三和夫［二〇〇二a］『知の失敗と社会』岩波書店。

松本三和夫［二〇〇二b］「技術開発段階からの市民参加プログラムを提唱する――日本型モデルを目指して」『NIRA政策研究』Vol. 15, No. 7, 二四～二七頁。

丸田隆［一九九〇］『陪審制度を考える』中公新書。

未来工学研究所［一九八〇］『諸外国におけるテクノロジー・アセスメントの実態調査』。

村上陽一郎［一九九四］『科学者とは何か』新潮社。

柳田博明、山吉恵子［一九九六］『テクノデモクラシー宣言』丸善。

吉川肇子［一九九九］『リスク・コミュニケーション』福村出版。

若松征男［一九九六］「素人は科学技術を評価できるか?」『現代思想』五月号、二四巻六号、九七～一〇九頁。

Beckmann, Gotthard [1993] 'Democratic Function of Technology Assessment in Technology Policy Decision-Making', *Science and Public Policy*, Vol. 20, No. 1.

Brooks, Harvey [1984] 'The Resolution of Technically Intensive Public Policy Disputes', *Science, Technol-*

ogy and Human Values, Vol. 9, No. 1, pp. 39–50.

Cronberg, Tarja [1996] 'Technology Assessment in the Danish Socio-political Context', *Technology Management*, Vol. 11, 5/6, p. 615.

Danish Board of Technology (デンマーク技術委員会) のホームページ' www.tekno.dk/eng/publicat/f95gethe.htm

The Danish Ministry of Research and Information Technology [1996a] *Welcome to the Danish Ministry of Research and Information Technology*.

The Danish Ministry of Research and Information Technoloy [1996b] *Open Dialogue on Danish Research for th Future*.

Ellul, Jacques [1992] 'Technology and Democracy', edited by Langdon Winner, *Democracy in a Technological Society*, Kluwer Academic Publishers, London.

Fiorino, Daniel J. [1990] 'Citizen Participation and Environmental Risk: A Survey of Institutional Mechanisms', *Science, Technology & Human Values*, Vol. 15, No. 2.

Fixdal, Jon [1997] 'Consensus conferences as 'extended peer groups'', *Science and Public Policy*, Vol. 24, No. 6.

Grundahl, Johs [1995] 'The Danish consensus conference model', edited by Simon Joss and John Durant, *Public Participation in Science*, Science Museum, p. 31.

Janes, M.C. [1996] 'A Review of the Development of Technology Assessment', *Technology Management*, Vol. 11, 5/6, pp. 507–522.

Jorgensen, Torben [1995] 'Consensus Conferences in the Health Care Sector', *Pubic Participation in*

Science, Science Museum, London, pp. 17–29.

Joss, Simon [1995] 'Evaluation Consensus Conferences: Necessity or Luxury', *Pubic Participation in Science*, Science Museum, London, p. 91.

Kastrinos N. [1996] 'Technology Assessment: a Concept for Europe?', *Technology Management*, Vol. 11, 5/6.

Kiba, Takao [2001] 'Japan's Trial to Reflect Social Factors in the Assessment and Foresight of Technology', Innovations for an e-Society. Challenges for Technology Assessment, Congress paper.

Laird, N. Frank [1993] 'Participatory Analysis, Democracy, and Technological Decision Making', *Science, Technology & Human Values*, Vol. 18, No. 3.

Kluver, Lars [1995] 'Consensus conferences at the Danish Board of Technology', edited by Simon Joss and John Durant, *Public Participation in Science*, Science Museum.

Nelkin, Dorothy [1977] *Technological Decisions and Democracy*, Sage Publication.

OECD [1979] *Technology on Trial*.

Office of Technology Assessment [1992] *Policy Analysis at OTA: A Staff Assessment*.

Office of Technology Assessment [1996] *The OTA Legacy*, U.S.A.

Rathenau Institute [1996] *Technology Assessment through Interaction*, written by Grin J, van de Graaf H, Hoppe R, Rathenau Institute, Netherlands.

Renn, Ortwin et al. [1993] 'Public Participation in Decision Making: A Three-step Procedure', *Policy Sciences*, vol. 26.

Rinie van Est [1999] *Winds of Change A Comparative Study of The Politics of Wind Energy Innovation in California and Denmark* International Books, pp. 46–55.

第四章　風力発電と薬害防止——知識の新たな役割

第一章では、知識経済がわれわれの前に現れているが、それだけでは、知識を十分用いた豊かな社会は必ずしも到来しないことを述べた。プチ専門家症候群は、ほとんどの人間が知識を身につけるのを余儀なくされる状況のなかで、社会全体としてのバランスを見失いがちになるという点で気をつけるべき病状である。そして、第二章で、既存の知識体系に大枠をはめていた国家が機能を低下させ、代わりに市民が新しい発言の主体となった事例を強調した。第三章では、知識生産の直接の担い手である専門家にも欠点があることを指摘した。専門家と市民の新たな角度からのコミュニケーションの重要性を説いた。コンセンサス会議はその一形態だ。

本章では、公共に役立つ知識生産のあり方について述べる。

知識社会の将来は、知識経済化だけで終わるものではない。公共的な知識も重要である。公共というと政府を思い浮かべることが多いが、政府だけで公共的なことがらを扱えるのではない。ここでは、新たな公共的知識生産の仕方に目を向けよう。それには、多くの知識生産に関係する者の方向性がうまく合わなければならない。風力発電の例をこれから述べるが、多くの関係者の努力と希望がうまくブレンドされることが必要だ。それは、多くの人の自発と協力のうえになりたつものである。

公共的な知識の生産には、知識経済とは別の特徴がある。専門家や行政、市民の意識が大きな役割をもつ。それは、木を見て、森を見ないというプチ専門家症候群とは対極をなす、粘り強い個人の努力によるところが大きい。個人のレベルでは、ある種のエートス（精神）が必要である。風力であれば夢の実現。薬害防止であれば、薬害を常に警戒して怠らない精神である。そして、それが社会に共有される価値に高まっていくという例を風力発電でみることができる。薬害防止システムの提案もそれに類似している。

第二章で地雷廃絶条約の例をみた。そこでも、多くの人や組織で連携が行われ、公共的な価値観が定まっていったことが象徴的である。価値と知識は密接に絡んでいる。価値を実現させるために知識が発展することがある。また、知識の生産によって、新たな価値が編成される。

本章では、公共的価値が共有され、知識生産に至った風力発電の様子と、薬害防止の提案について描く。

一　風力発電

風力発電の開発が政府により始められた契機は、一九七〇年代の石油ショックであった。エネルギーの確保のため、模索された新エネルギーの一つであった。八〇年代後半からやがて、地球環境問題が政治的に大きな関心がもたれ、風力はさらに後押しを受けるのである。風力発電は、最近注目をあびている技術である。それを本章でとりあげるのは、公共的な知識生産のあり方に示唆があると考えるからである。ただし風力発電はエネルギー供給全体からいえばごくごく少ない割合でしかない。後で掲げる表を参照していただきたいが、今後七年程度順調に普及したとしても、日本では風力の発電量は全発電量の一％にも満たないというほど小さなシェアに過ぎないと予測される。

まず、地球環境問題がどのように国際政治のなかで展開したのかを簡単にみておこう。

1　科学的知識に基づく地球温暖化への関心の高まり

地球温暖化問題は、科学的知見を契機として、国際政治の一大アジェンダとなった。一九七〇年代末から八五年にかけて世界の科学者が、大気中の炭酸ガス濃度と大気の平均気温には相関関係があり、炭酸ガスなどの濃度の上昇が、温暖化を引き起こすと警鐘をならし始めていた。八〇年代後半には、政府、国際機関による国際会議において政策課題として議論されるようになった。八八年には、ＩＰＣＣ（気候変動政府間パネル：Intergovernmental Panel on Climate Change）が立ち上げられた。たちまちのうちに九二年に大規模な地球環境の国連会議を開催する動きが決定づけられた。七二年のストックホルムの国連人間環境会議の二〇周年として、九二年にリオデジャネイロで地球サミットが行われたのである。こうして地球が温暖化しつつあり、それに対して手立てを講じるべきであるという価値観が国際社会のなかに確立したのである。

炭酸ガスなど温暖効果ガスと気温の関係についての科学的データを収集し、それに基づき温暖化効果を予想し、温暖化効果に対する政策的対応を立てるという順序になる［総合科学技術会議、二〇〇二］。したがって、ことがらの本質上、科学的知見によって問題が定義され、政治アジェンダに乗せられる。そして、科学的検証がさらに行われ、政策議論につながっていくのである。すなわち、科学が国際政治を動かす基となっているのである。その結果、一九九七年、ＣＯＰ3が開かれ、はなばなしく京都議定書が調印されたことは記憶に新しい。

地球温暖化がクローズアップされた原因の解釈には、いろいろな論点がある。たとえば東西冷戦崩壊による国際政治関係の変化でもあると米本昌平は主張する［米本、一九九四］。冷戦という大きな政治構造が崩れた後、国際社会を方向づけるテーマとして地球環境問題が浮かび上がったというのである。私は、宇宙科学など、軍事研究の要素もある科学者の地位確保の問題も、地球環境問題の唱導者の念頭になくはなかったろうと推測する。

ともあれ、世界の大勢は、地球温暖化を防止するという方向性にある。科学的知識によって地球温暖化防止という価値が共有されたのである。温室効果ガスとりわけその大部分を占める炭酸ガスの排出削減が大きな課題として受け止められたのだ。

2　再生可能エネルギーへの取り組み――風力発電の例

今日、地球温暖化防止の一つの対策として再生可能エネルギーの開発が推進されている。その一つが風力発電である。

しかしながら風力発電は、地球温暖化対策としてだけ、開発されてきたわけではない。前述したように初期にはエネルギーの確保という目的で政府による開発の支援がなされた。また、政府の動きとは関係なく地域のエネルギーを使いたいという技術者の挑戦でもあった。風力技術が進歩し、実用化されてきた時期と地球温暖化が国際政治で注目されるようになったのが、ほぼ時を同じくしたので、再生可能エネルギー源としても注目されたというのがより正確なところであろう。

さて、この風力発電は、風の力で電気を起こすという、夢のような技術である。その開発をめぐるさまざまな経緯は、教訓に富む。その一つは、デンマークにおける初期の風力発電の試行錯誤だ。初期の風力発電の試作は、失敗が相次いだ。しかし失敗を生かす努力がなされた。失敗事例の積み重ねが行われた。それをもとに、より成功の見込みがある風車の設計がなされた。いわば風力発電の試験状況が、公共的な情報として共有されたのだった。

また、風力発電の普及に成功したドイツでは、風力発電の運転データの公表を義務づけた。これにより、性能の良い風力発電設備がより速く普及したのである。

日本でも風力発電は、今でこそ地方にいけば（東京湾にも風力発電は存在するが）、それほど珍しいものではない。しかし、日本で最初に風力発電の開発を始めようとしたときは、実用化はほとんど無理とみなされた。したがって、企業が開発しようと努力もしなかったし、政府による細々とした研究プログラムも無に帰した。

各国でいろいろな経緯をたどり、その後、風力は、地球環境という公共的な一つの価値に支えられ、

European Wind Energy Association［2002］より．

今日、進歩をみせている。公共性の高いことがらについての、知識発展の一つの好例である。

知識は、誰が使ってもすり減ることはないし、皆が用いることができる。ダニエル・ベルは、だからこそ、最初に知識創造した人の功績を重視する。「情報や知識は誰かが創り出したからこそ、他の人に提供できるのだ」として、知識生産に努力する者、例えば科学者などが厚く報われる制度が望ましいとしている［ベル、一九九八］。知的所有権の強化は、それを目的としている。

しかし、私がここで強調したいことは、知的所有権取得自体が自己目的化していることの問題であり、知的資源の活用と知識生産がそれによって掣肘を受けているのではないかという問題提起である。このことを、本章では、風力発電を例に説明したい。つまり、知識の生産において、お金を得るということは、重要とはいえるが、必ずしもそれだけでは十分ではない。むしろ、何かを新しく価値があるものを発見するためには、多くの無駄ともいえる試行錯誤が必要であって、それを許す社会的寛容さをもった制度が必要であるということである。また人々のチャレンジ精神が重要である。

欧州の技術開発の成功は、このことの好い例であった。

(1) 風力発電とは

風力発電といってもなじみがあまりない方も多いと思われるので、まずその概要を述べる。

風力は、オランダやスペインの風車小屋にみられるように、古くから人間が利用してきたエネルギーであった。現在、世界的に風力を利用した発電施設が増加している。風力発電は、一九九〇年代後半から世界で毎年約三〇％の発電量の増加を続けている。とくにドイツなど欧州での導入が多い。

日本における風力発電は、一九八〇年代頃から徐々に、試験的設置が始まった。九〇年代前半までは、風力発電の増加は緩やかであった。その頃まで日本では、風力はほとんどエネルギー源として注目されなかった。しかし、近年、地球温暖化問題がクローズアップされるなか、二酸化炭素などの温室効果ガス削減が課題となり、その一つの鍵となるクリーンエネルギーとして注目されるようになった。地球温暖化対策は、他にもいろいろな手段がある。そのなかでももっとも重要と思われるのは、省エネルギーの徹底である。次いで、化石燃料を使わないエネルギー源としての各種の再生可能エネルギーの利用である。再生可能エネルギーには太陽光発電、

表 4-1　2000年の世界の風力発電容量

（単位：万 kW）

国	発電容量
日本	6
ポルトガル	6
アイルランド	7
ギリシャ	8
カナダ	13
スウェーデン	20
イタリア	23
中国	25
イギリス	35
オランダ	41
インド	106
スペイン	113
デンマーク	176
アメリカ	249
ドイツ	390

注：日本の 2010年の導入目標値は 300万 kW である.
出所：新エネルギー財団 [2001].

バイオマスなどと並び風力がある。風力は、太陽光によって大気が暖まる気温の違いを主因として起きる大気の移動の力をエネルギー源として用いるのであるから、もとをただせば太陽エネルギーの利用ということができる。風力は、天候まかせで不安定かつコストが高いとして、従来はあまり有力視されてこなかった。しかし、技術改良が進み、今では日本でも風況の良い地域にはよく見られるようになっている。

経済産業省のホームページには、風力について「風力エネルギーは、……安定したエネルギー供給の難しさはあるものの、潜在的には資源が広範にあり、無尽蔵な純国産のエネルギーである」と記述されている（資源エネルギー庁ホームページ）。しかし、再生可能エネルギーのなかでは、日本は今までは、太陽光発電の開発に、より重点を置いてきた。一九九九年において太陽電池メーカーのシェアは日本は世界の約四〇%と、世界一である［NEDO、二〇〇〇］。また、太陽光発電量実績でも日本は世界トップクラスである。日本の新エネルギーの研究開発費のなかで、太陽光は一九九〇年に約五〇%、二〇〇〇年でも約三〇%を占めている。ところが、風力に対する研究開発費は新エネルギー研究開発費のうち二%程度にすぎない。

しかし、昨今、日本の風力発電容量も増えている。しかも、風力の発電単価は急激に安くなっている。図4-1に示したように日本の風力発電基数は九〇年代後半から急速に伸びている。同図では二〇〇〇年度末でデータが終わっている。その時点では導入基数、四五〇基あまり、導入量一四万四千キロワットであるが、その後も伸び続け、〇二年末では導入基数五二九基、導入量四一万五千キロワットと著しく増加している。

図 4-1　日本における風力エネルギーの導入量と導入基数

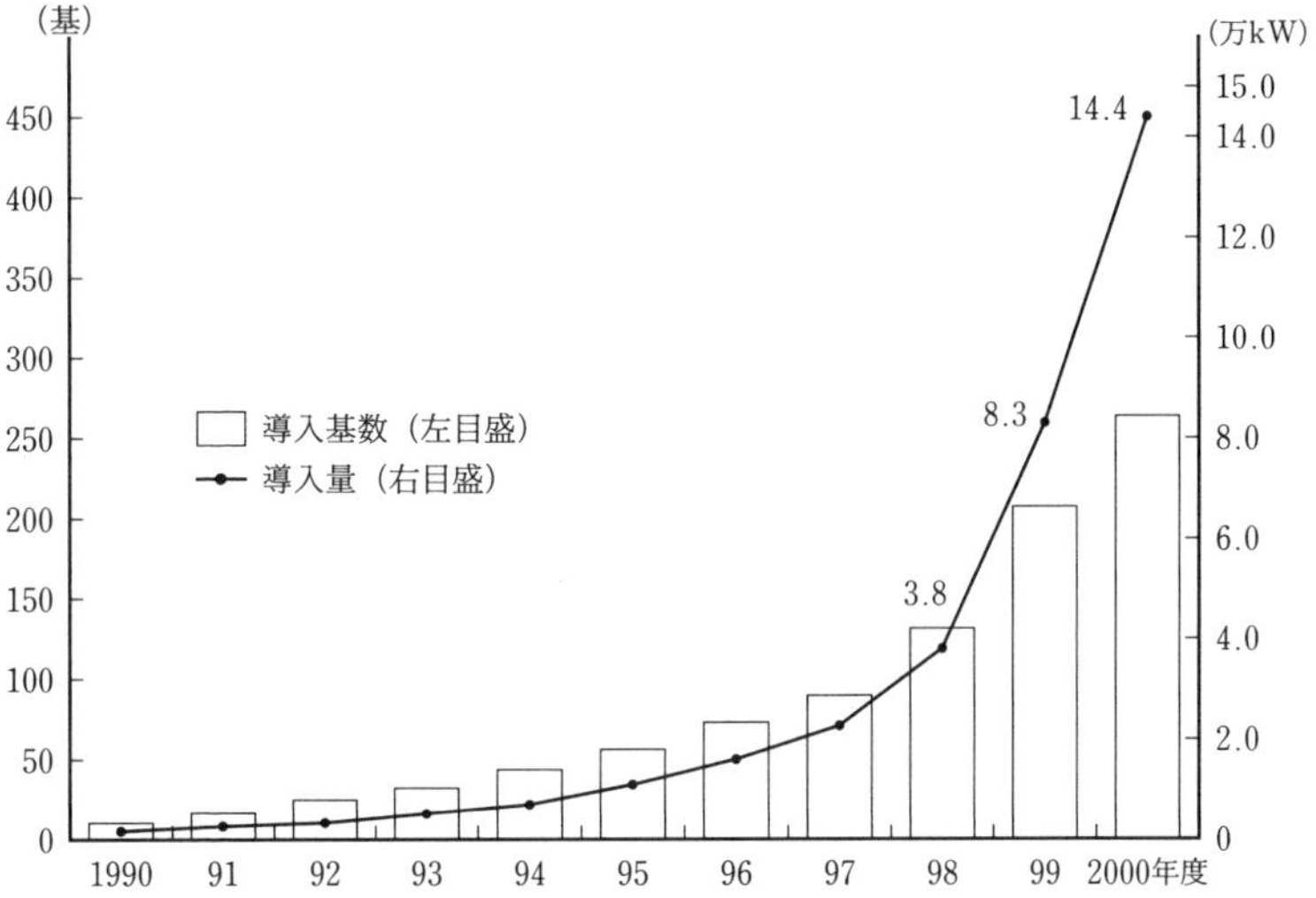

出典：総合資源エネルギー調査会　新エネルギー部会資料.

図 4-2　風力発電の構造

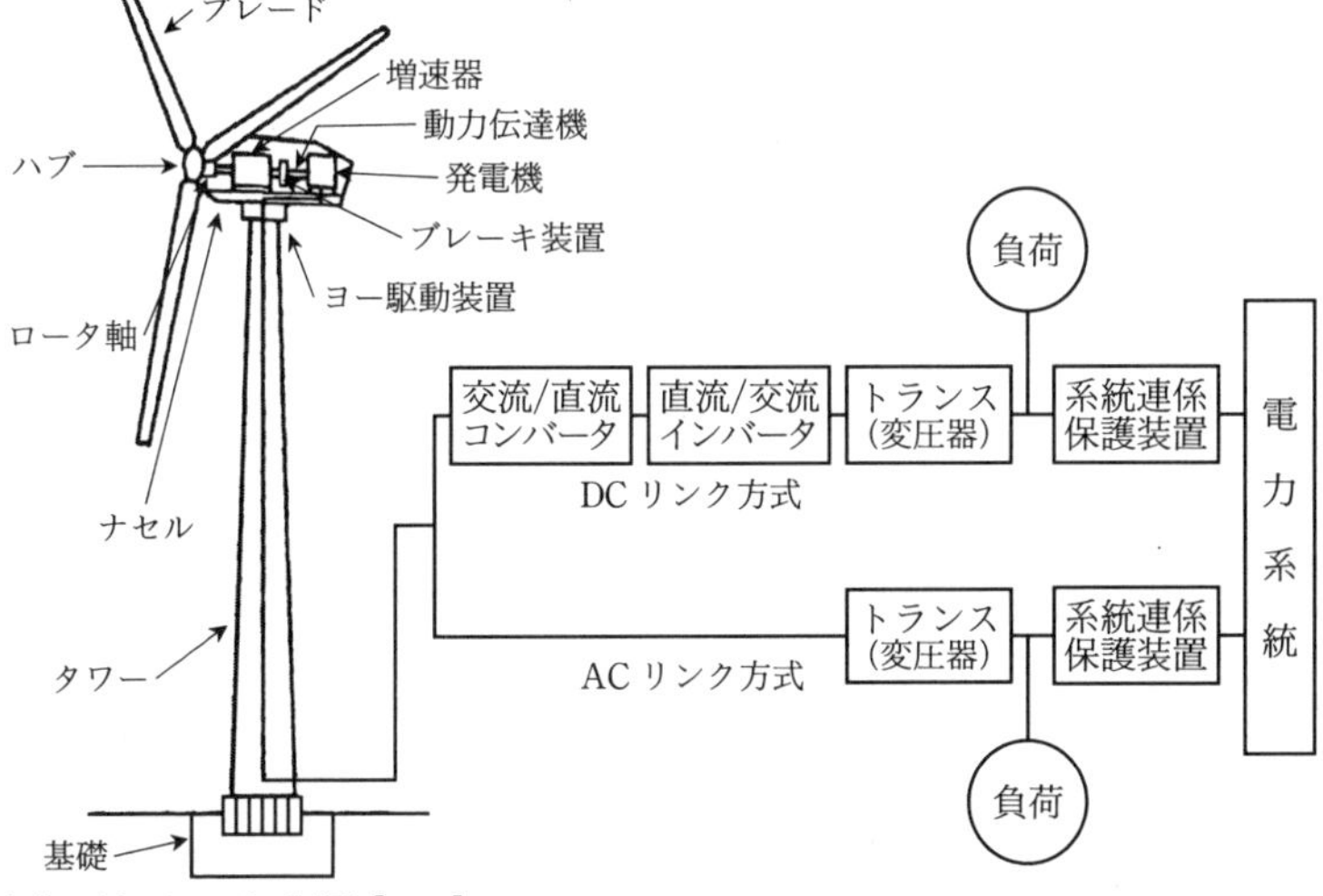

出典：新エネルギー財団［2001］.

風力発電の構造

風力発電の構造は図4-2のようである。風力発電設備は大型化している。大きなものではタワーの高さは、地上六〇メートルから一〇〇メートルになる。タワーは地中に深く基礎をつくって、安定させておかなければならない。風を受け止めるのはブレード（羽根）であり、最近のものはガラス強化プラスチックでつくられている。その回転直径は五〇〜七〇メートルにもなる。いかに効率よく風をエネルギーとして受け止めるかが風力発電の鍵であり、羽根の製作技術は極めて重要である。ナセルは、風力発電機の頭脳ともいえる部分で、風の吹いてくる向きに向かって風車の向きを変えるヨー駆動装置がある。羽根の動力エネルギーから発電を行う。風力から発電された電気は、電力系統に接続され、送電される。直流方式と交流方式がある。風力の発生する電気は電圧や交流の周波数を調整しておく必要がある。電圧の調整に変圧器を用いる。さらに電力系統につなぐ間に系統連係保護装置が置かれる。

ただ、風力発電機の生産面では、表4-2のようにヨーロッパのメーカーに押されている。

日本では、一九九〇年代末から風力に注目が集まり、さらには、経済産業省で、二〇〇一年六月、新しい導入目標が検討された。その結果、風力の目標値は従来計画では一〇年までに三〇万キロワットとされていたものから、大幅に上方修正されて三〇〇万キロワットになった。

しかし、三〇〇万キロワットが達成されても、風力は風が吹いているときしか動かないので、稼働率が高くない。電力供給量全体からみるならば、風力のシェアは未だ小さい。

風力発電に関する日本を含む各国の技術開発の様子をみてみよう。以下では、米国、デンマーク、ド

表 4-2　世界の主要風力10メーカー（1998年）

メーカー	国　籍	容量（万kW）	シェア（%）	累積容量（万kW）
NEG MICON	デンマーク	60.8	23.4	227.3
ENRON Wind Corp.	ドイツ	42.4	16.3	79.2
VESTAS	デンマーク	38.5	14.8	187.8
ENERCON	ドイツ	33.4	12.8	106.5
CAMESA	スペイン	17.1	6.6	36.0
BONUS	デンマーク	14.9	5.7	85.9
NORDEX	ドイツ・デンマーク	13.1	5.0	33.2
MADE	スペイン	10.5	4.0	23.2
ECOTECNIA	スペイン	4.7	1.8	7.7
Mitsubishi Heavy Industries, Ltd.	日本	3.8	1.5	27.9

出典：BTM Consult ApS. "International Wind Energy Development", March 1999.

表 4-3　日本のエネルギー源別発電設備容量と発電量の構成比

	設備容量（万 kW）	構成比（%）	発電量（億 kWh）	構成比（%）	稼働率（%）
水　力	4,478	19.5	904	9.6	23.0
	4,810	**17.4**	**993**	**9.1**	**20.6**
火　力	13,943	60.8	5,249	56.0	42.9
	16,274	**59.0**	**5,522**	**50.6**	**33.9**
原子力	4,492	19.6	3,219	34.3	81.6
	6,185	**22.4**	**4,334**	**39.8**	**70.1**
風　力	14	0.1	3	0.0	20.0
	300	**1.1**	**53**	**0.5**	**20.0**
合　計	22,927	100.0	9,375	100.0	46.5
	27,569	**100.0**	**10,902**	**100.0**	**46.5**

注：上段：2000年実績値（閏年）
　　下段：2010年予測値（太字）

イツ、日本の風力開発の歴史をたどる。風力をいち早く実用化したのはデンマークである。デンマークでは、各種の代替エネルギーを探るなかで、一つの選択肢であった風力の技術開発に力を注いだ。そして、それが試行錯誤を行うなかで優位を築いていった。そしてドイツを筆頭として欧州各国では風力の技術進歩につれ、風力発電を普及する政策が展開された。これは、環境問題をなんとか解決しようとする強い信条が、政治的な流れとなり、技術開発を後押ししたのである。日本は、新エネルギー政策の主導権を政府のみが握ることによって、かえって風力の潜在的可能性を見過ごしてしまった。この例からいえることは、技術を適正に評価し、芽が出たものをなるべく育てていくという柔軟性の大切さである。また、市民が風力などの自然エネルギーを支持し、風力の技術発展を援助するという政策につながり、それが外国では功を奏した。こうした政策形成の仕方を学習することは重要である［木場、二〇〇二］。

(2) 各国の取り組み

それでは、各国の風力技術開発への取り組みを、少し過去に振り返ってみてみよう。

米　国　現代的な風力発電開発にいち早く取り組んだのは米国である。しかし、一九七〇年代の米国の風力開発は失敗する。七〇年代、第一次石油危機の到来により、米国においてもエネルギー安全保障の考えが強まった。石油価格が上昇し、それによって相対的に風力などの自然エネルギーが有利とみられた。これを背景として、近代的な風力発電の開発の取り組みが米国カリフォルニア州で始まった。七六年には、二〇〇〇年までに一〇％の電力を風力でまかなおうという計画が立てられ、多くの試験的な風車が設置された［Rinie van Est, 1999: 36–8］。七八年には公共事業規制政策法が制定された。

これは、再生可能エネルギー等による発電事業者の卸売電気事業への参入を認め、発電した電気を買い取ることを電力会社に義務づけたものであった。風力発電に対する投資についての税減免制度ができた。

カリフォルニア州ではさらに風力に対して優遇措置を与えたので、同州では一九七九〜八〇年代前半に風力に対する投資ブームが起きた［*Ibit.*: 51］。このとき、米国の大手航空機製造企業など、空気力学に長けた企業が風力発電機市場に参入した。政府の研究プログラムでは、経済効率上よいと想定された大型の風車の開発が一気に目指された。米国の風車製造企業は、風力への投資ブームが続けば必然的に技術進歩すると楽観的に考えていた。しかし、強風にさらされる大型の風車は、当時の技術では、脆弱であり失敗に終わった。米国製の風車が技術上の困難を抱えるなかで、カリフォルニアの市場には、しだいに堅牢なデンマーク製の風車が輸入された。八五年には、カリフォルニアにある五〇〇〇の風車のうち、三〇〇〇をデンマーク製が占めるに至った。

米国では一九九二年に電力事業の自由化を促すエネルギー政策法が制定された。風力発電については税優遇措置を再び与えた。さらに再生可能エネルギーの電力事業者に対する一定の割り当て制度を導入する州が増えたことから、最近、風力発電が増加している［新エネルギー財団、二〇〇一］。

他方、風車の開発を地道に成功させたのはデンマークであった。

デンマーク　デンマークでは、一九七〇年代に原子力利用に対する反対が起き、他のエネルギー源として風力の利用を選択肢の一つとした。米国が風力エネルギーを開発する政策にも触発された。従来からデンマークでは、農家などで小さな風車を動力源や熱源として活用していた。それをさらに効率的なものとし、発電に用いるという試みは、地方の大工や技術者が自発的に行っていた。協同組合や国民高等学校などが主な風力発電の設置場所であった。初期の風力発電は、ギアボックスの故障、発電機の炎上、羽根の損傷などの問題が頻発した。

しかしデンマークは風力発電に具体的な政策支援を始める。一九七九年には、再生可能エネルギーの設備投資に対して政府から三〇％の補助金が支出されるようになった。当初は風車の所有者や近隣地域でのみ風力発電で発電した電気を消費すると想定されていた。したがって小規模な風車が開発された。国立リソ科学研究所は当初、原子力研究をする計画であったが、デンマークにおける原子力発電計画の白紙化により方針を転換して、風力の研究を一つの業務として行うようになった。デンマークの各地での風車の失敗事例がリソ研究所に持ち込まれ、検討され、風車の改良に役立った。いわば失敗事例の共有化がなされた。また風力発電の余剰電力を電力会社が買い取ることとされ、そのためより発電量の多い風車の大型化が進んだ。一九八〇年代前半にカリフォルニアへ風力発電機器が輸出された。風力は産業育成および雇用創出の機会という観点からも政治的に歓迎され、いっそう振興されるようになった。

こうした風力推進の情勢を受けて、電力会社自身も風力発電を設置する動きをみせた［Rinie van Est, 1999: 69–102］。一九八四年に政府、風力事業者、電力会社の三者によって風力発電の送電線への系統連係費用を三分割して負担し、そして風力による電気の買取価格を消費電力価格の八五％と優遇した［飯田、二〇〇〇］。その後、補助金は徐々に減らされて八九年には廃止された。九二年には、風力による電力の買取義務が電力会社に課された。これらの過程を通じて、風力の技術開発と普及が進み、風力発電の部品産業が発達した。

以上のようにデンマークでは、技術開発を誘導する一連の政策が功を奏した。環境問題に敏感な世論を背景にし、風力を支援しようという政治の動きが早くからみられたのである。一般の市民や環境NPOの意見、風車を保有する協同組合や風力事業者協会の意見を、デンマークの国会議員や政党は受け止めて政治的提案としたのである。風力は産業・雇用創出効果という観点からも支持された。風力への安定的政策支援が技術開発に拍車をかけた。一九九〇年代の世界的な風力の普及に先駆け、デンマークは政策的支援をいち早く行い技術開発に成功した。

デンマークとその隣国のドイツの企業が、地場の経験をもとに世界中に風車を売り込むことに成功した。今日では、デンマークとドイツの企業及びその海外子会社が風力発電機生産をほぼ独占している。日本のメーカーも風力発電機生産に参入しているが、そのシェアはわずかである。

ドイツ

九〇年代、最も風力発電を普及させたのはドイツであった。その事例を探る。環境問題に敏感な政治状況にあるドイツにおいてはデンマークにやや遅れたが、風力に積極的に着手した。一九八九年に一〇万キロワット、九一年には二五万キロワットと風力導入の目標を上方修正してきた。ドイツでは、風力発電導入者が運転データの公表をすることを条件として、風力発電に補助金を交付する政策をとった。さらに九一年には法律により、電力会社に風力による電気の買取義務を負わせた。これにより、風力導入者は、安定した利益を上げることができたので、ドイツでは九〇年代後半に風力が急増した。現在、ドイツは世界一の風力発電導入量となっている。ドイツでは、風力発電技術がある程度実用化した時期に、買取制度を設けたことによって、市場インセンティブが強く働いた。そしてそれがある程度長期間にわたるものだったので、風力発電設置者は安心して投資することができた。そして風力発電が効率的であり、長期に運転可能であることが風力設置者の要望であったために、発電効率と堅牢性に優れた風車の開発が促進された。政策の長期安定性が風力発電を一気に増加させた原因といわれる［Wagner, 2002］。

二〇〇二年以降は、経済効率を高めるため風力発電の買い取り価格を年率一・五％ずつ引き下げることとしている。また、オフショア（浅い海の海上で行う）風力発電については、促進のためさらに長期にわたり固定的な買取価格で優遇することにしている［新エネルギー財団、二〇〇一、三頁］。

ドイツの各地域において、より積極的に新エネルギー導入を進める政策もみられる。ドイツ西部のアーヘン市では、太陽光、風力による発電を一五〜二〇年にわたって市営の電力会社が買い上げることを保証し、そのコストは電気料金の値上げでまかなっている。その買取価格は連邦の買取価格より高めに設定されており、新エネルギー発電事業者に有利になっている。

日本　日本でも風力発電の開発は取り組まれたが、その動きは遅かった。日本における風力発電は、一九八〇年代頃から試験が行われた。それは風力エネルギー実験事業というような名目で、一キロワットという今からみるとかなり小さい規模で行われた。それは実験プログラムに終始し、風力発電の実用化に向けて政策を検討するという動きにはならなかった。九〇年代前半まで日本では、風力はほとんどエネルギー源として注目されてこなかった。日本では風力が政策的に検討される時期が明らかに遅かった。日本で風力が注目を浴びるようになったのは九〇年代後半、欧米での成功例が報告されてからである。

それでも、八〇年代の山形県立川町の例や九〇年代には風況の良い北海道、東北を中心に、風力発電の試行がみられた。九七年からＮＥＤＯの補助金が支出されるようになり、風力普及のスピードが速まった。国の補助金頼りにせよ地方自治体の取り組みが風力普及において重要である。最近では、東京都も東京湾の埋立地に「地域の風力」を利用するということで風力事業者を募っている。また余剰電力を電力会社が買い取っているため、現在は概ね風力事業者の採算は良いようである。

中央政界が風力に関心を高めたのは、北海道苫前町のウィンド・ファームに一九九九年に超党派の国会議員の視察団が訪れてからである。当時の通商産業省は、総合資源エネルギー調査会に新エネルギー部会を設け、新エネルギー導入目標値の設定に向けて動いた。ドイツをはじめ欧州諸国で九〇年代初めに大規模に政策的措置がとられたのに比べると、日本に風力が政治課題となったのは約七〜八年のタイムラグがあった。これは、風力政策推進の空白期間といえる［飯田、二〇〇一］。新エネルギーの技術開発状況に応じて、政策や制度改変を機動的に行うことが必要であるが、日本では、そのような対応が遅かった。

その原因は、第一に、リスク極小化を行動原理の一つとする政府および電力などの官僚的組織にとって、風力の導入を主張することは、まだ技術が成熟したものではなかったので、難しいことであった。

第二に、公害問題が沈静化し、石油危機が過ぎると、環境問題に対する、具体的な政治決定は極めて貧弱な成果しかなかった。* 環境問題の解決を政治的に行うという期待が乏しかったといえる。

＊ 日本は、環境影響評価法が、法案ができてから一九九七年に国会を通過するのに二五年を要し、結果、環境影響評価法の制定において、日本はOECD加盟国のなかでは最も遅かったという例があげられる。これは、同法案に対して産業界の反対が強かったという政治的事情による。

第三に、風力技術に取り組もうという勢力は、太陽光発電に比べると非常に弱かった。**

(3) 風力に関する各国の比較

技術開発 米国では、七〇年代に早くも大型の風車開発に着手したが、故障が相次いで頓挫した。それに対しデンマークでは、初期には協同組合の自家使用などを動機として技術者が小型の風車を開発した。その失敗事例がリソ研究所などにおいて解析され、情報共有がなされ、その後の改良に生かされた。堅牢な風車に必要な部品産業が発達した。さらに、ドイツでは、発電実績の情報公開を進めることによって、より効率良い風車が開発されることになった。

以上から技術開発政策の点で次のようなことがいえる。短期的に利潤が見込めないような技術開発は、民間企業では行われないことがある。米国企業の初期の風車開発は、この例にあてはまる。他方、政府研究開発の欠点もあり、一つの技術が公共政策において選定されると、それ以外の技術オプションは考慮外になってしまい、技術的な選択幅がなくなってしまうという現象が指摘される［児玉、一九九八］。日本は政府が風力の実験を行ったが、すぐに実現性に乏しいと決めてしまったのはこの一例といえる。

風力発電の普及 デンマークでは初期に風力発電設置に対して補助金を支出した。また、優遇的な電力買取政策がなされて、風力発電に対する長期的なインセンティブを確立した。同様な政策はドイツでとられた。長期の優遇的な電力買取によって風力の普及が著しく進んだ。米国では、風力への投資優遇措置として所得税減税が打ち出されたが、すぐに廃止されるなど長期的なビジョンがなかった。日本は、これらの取り組みに出遅れた。

デンマークでは、伝統的に風車を使っていたこともあり、風力をできるだけ使えるものにしようという継続的な支援があった。国全体として風力技術を改良しようという指向が強かった。ドイツも、デンマークと同様、風力の技術進歩に注目していた。

風力への評価　米国では当初の計画が挫折すると、すぐに風力開発のプログラムが批判され、技術開発を中断してしまった。日本は、風力の可能性を評価してこなかった。

政治状況　米国は、基本的に自由な競争原理による経済の成長を指向している。政治的にも地球環境問題を欧州ほど重要視していない。そのような状況で風力技術を政策的に支援していく素地は乏しかった。

デンマークは、原子力の導入の否定があり、環境問題を重視する草の根運動があり、エネルギー確保という問題があった。労使協調の政治風土のなかで、市民運動は政治的な力となった。そのため再生可能エネルギー重視という政策をとった。

ドイツでは、環境団体が強く、中央政権に対して大きな影響力があった。脱原子力をめぐっての議論も沸騰し、多様なエネルギー源が模索されていた。風力はその一つとして重視された。

＊＊　日本にも風力エネルギーの研究者や企業は少数あって、一九七〇年代半ばから日本風力エネルギー協会という組織も存在している。しかし、風力開発が注目を集めるようになったのは最近である。環境団体も風力にはあまり注目してこなかった。同じ新エネルギーの一種である太陽光と比較すると、風力の政治的な立場の弱さは明確である。

日本は、エネルギー政策は政府主導で決められ、風力はほとんど度外視されていた。

米国では、七〇年代にカリフォルニア州が独自の政策により新エネルギーを振興した。最近では、州や自治組織による新エネルギー導入の取り組みが試行されている。各州で新エネルギーの割り当てを決めており、風力が急速に伸びている州もある。また、大学で新エネルギーの導入を目指す例もある。

地域の取り組み

デンマークでは、伝統的に農家が風車を利用していた。初期には、協同組合が風力発電の主体となった。また技術開発も大工や技術者が最初に取り組んだ。個人あるいはきわめて小規模なところから風力利用が出発している。ミクロレベルの動きが、国の政策支援、技術開発支援に結びついたといえる。

ドイツは風力の開発は北部の沿海地域が先行している。他方、先ほど各国の事例でドイツの項で記したアーヘン市の自然エネルギー利用政策が典型的であるが、市レベルで独自の新エネルギー振興政策を行うなどの地域の独自性が高い。

日本は、国の政策として認められるまで、風力はほとんどその可能性が顧みられなかった。一九九七年に風力設備投資に対する補助金が支出されるようになり、それまで関心をもっていた自治体も、国の制度に沿った形で風力に取り組むようになった。ミクロレベルでの政策試行の独自性が不十分であったといえる。

以上をまとめる。日本は風力の技術開発、普及、評価において、欧米に遅れをとった。すぐに風力の可能性の追求を諦めてしまったのである（風力の試験プログラムは存在したが、細々としたものであった）。その背景としては、地域における風力発電実験などの独自性を発揮する余地が乏しかったことがあげられる。エネルギー政策は政府に主導権を委ねられ、新エネルギー開発に対する政治的な関心が乏しかった。日本は風力の場合、技術評価が適切になされず、政策展開にも創意工夫を欠いていた。

近年、日本においても経済産業省の風力エネルギーに対するスタンスは変わった。一昨年（二〇〇一）、新エネルギー部会で二〇一〇年までに三〇〇万キロワットの目標を立てるようになった。「風力エネルギーは、潜在的には資源が広範にあり、無尽蔵な純国産エネルギーである」［資源エネルギー庁のホームページ］と、大きく評価を変えている。しかし、その目標を達成しても日本の電力全体の設備量のうち約一％に過ぎない。また、二〇一〇年までに三〇〇万キロワットという目標値も根拠がかなり薄弱であり、また、今後期待されるオフショア風力発電をいっさい考慮していない。

他方、世界では、二〇二〇年までに設備量はおろか、総発電量の一二％を風力が占めるというシミュレーションもなされている［European Wind Energy Association, 2002］。風力の可能性について、日本としても注意を払っておくべきであろう。

3 風力発電技術の教訓

(1) 欧州の成功の教訓

欧州で風力が推進されたため、世界における風力発電設備の製造は欧州系企業がほぼ独占した。これは、欧州において風力発電の初期の開発局面で、環境問題への関心が強く、風力への後押しがあったためである。風力発電へのチャレンジをした技術者がおり、まだ発達途上の風車に補助金をつけた政府の支援政策があった。また、風車の初期の失敗事例の共有がなされ、堅牢な風車の開発が進んだ。風車によって利益をあげるという関心はあったにせよ、それほど技術が確立していたわけでなく、確立されたビジネスとはいえなかった。

また、普及段階では、風力を支援するため、長期的な電力買い上げ措置などの政策があり、また風力の運転データの公表によってより効率の良い風車の開発・普及が促進された。それは戦略的な普及政策であった。開発、普及のいずれの局面においても、環境を重視する市民の声が、政治的な圧力となり、**重要な役割を果たした。それが実を結んだのである。**

欧州では、地球環境問題という知識が、チェルノブイリ、酸性雨という経験と結びつき、政治的な価値をもった。**その価値を実現するために、知識を動員して、風力を開発し、普及するという社会の改変に成功した。**それが欧州の成功の教訓といえる。

(2) 日本の失敗の教訓

日本は風力で立ち遅れた。それには、複雑な地形で、風向きが不安定であるという地理的要因もあった。しかし、政策的要因も存在した。

政治的に新しいものを取り入れないという体質の問題、政策決定の硬直性、政策実験の極端な欠乏、政策多様性の軽視である。そうした状況のなかで、個人の役割の極度な矮小化がみられた。

欧州でみられたような個人や小さな組織が風力エネルギーの開発に取り組もうという動きは皆無とい

ってよい。そうした実験をする余地さえ、日本には存在していなかったのだ。これは環境と密接に絡むエネルギー問題は、中央政府とりわけ経済産業省が一手に引き受けてきたため、経済産業省自身の利害関係を含む判断によりいっさいが決まってしまうという構造的問題と考えることができる。それまで経済産業省らがもっていた先入観で、見込みがないとされた風力はほとんどまったく放置された。これは政策決定の構造上の問題であり、このようなことは改めるべきである。他国の政策を学習し、さらなる改善を加えることが必要である。

また、各種の新エネルギーについて何が成長著しいのかは、予見することができない。新エネルギーのそれぞれについて可能性を探っていく努力をこれまで以上にするべきである。その背景には、やはり環境問題をエネルギー政策にどれだけ反映するのかという問題がある。この問題についての世論は多元的であろう。その多元性を新エネルギー開発の政策形成に反映すべきである。

環境問題は、日本の国民の意識としては、高いものがあるが、具体的な政治行動、政治決定となると極めて貧弱な成果しか表れなかった。環境についての政治決定については、日本は、一九七〇年の公害国会といわれたときには次々に対策をたてていったが、しだいに環境対策では積極性を欠いてしまってきた。その結果、環境とエネルギーが絡むことについて市民が政治に何かを期待し、自らも何かをするという雰囲気が乏しかった。

4 新エネルギーと市民参加――風力を例として

以上、風力発電の事例では、地球温暖化防止という価値が確立され、それと並んで風力技術の発展がみられた。試行錯誤によって、技術が向上した。そして風力を利用したいという政治的意思に支えられ、普及政策が展開され、その過程を通してさらに風力発電が進歩したのであった。そこには、地球環境問題という価値観があり、技術者の風力への挑戦があり、風力を使いたいという政治的意思が働き、開発・普及政策の展開が行われ、それらがうまく絡み合って、新たな風力の利用ができた。これが知識社会の一つのパターンといえる。

なかでも、風力のような新エネルギーを使いたいと望む人々の意思をどのようにエネルギー政策に反映していくか、という仕組みが日本と欧州ではだいぶ違うように考えられる。NIRAでは、東京大学[†]と「再生可能エネルギーと市民参加」というテーマでワークショップを二〇〇二年に行った。[*] 以下の三点について議論を深めた。第一に、政策形成への市民参加が重要であること。第二に、技術の発展段階に応じた市民参加をすること。第三に、市民参加の仕方を日本の社会になじむものにすることである。やや長いが政策提言部分を以下引用する［NIRA、二〇〇二］。

(i) 政策形成への市民参加の促進

エネルギー・環境政策および技術政策の形成過程に市民参加をよりいっそう促進するべきである。

政策や技術の多様な選択肢を確保すること及び、多元的で、透明性の高い意思決定を行うことが期待できるからである。また、政策そのものの改善、運用、実行の円滑化を促進する効果がある。

ただし、以下のことに留意する必要がある。

● 市民参加のあり方は、恒常的に定まるものではなく、状況に応じて、より適切なものに工夫することが必要である。

● 政策形成への市民参加の促進という提言は、専門家や政府だけによる政策形成の限界を背景としたものである。しかし、政策形成に市民が参加したとしても、必ずしも政策形成、政策実施が十分なものとなるわけではない。例えば、参加した市民や政策決定者等の間の合意形成が得られる保証はない。また、政策の実施が円滑に行われる保証もない。

間接民主主義のもとでは、市民参加はあくまでも代議制民主主義を補完する役割により重要性

＊ NIRA－東京大学[†]共同国際ワークショップは、二〇〇二年四月一九、二〇日に東京都渋谷区のNIRAの会議室で一般公開で開催された。メインスピーカーとして外国から米国メリーランド大学政治学部教授ミランダ・シュルーズ氏、英国ヨーク大学社会学部教授スティーブ・イアリー氏、オランダ国立ラセノー技術評価研究所リニー・ファン・エスト氏、ヨーロッパ風力エネルギー協会副会長アンドレアス・ワグナー氏（ドイツ）を招いた。日本からは、松本三和夫東京大学大学院助教授、大山耕輔慶応大学法学部教授、鈴木達治郎㈶電力中央研究所上席研究員の他、私を含めたNIRAのメンバーが出席した。

なお、東京大学に†印を付けているのは、NIRAと東京大学大学院人文社会系社会学研究室が共催したためである。

があると考えられるべきである。

● 政策形成への市民参加が可能とするためには前提となる条件がある。その条件は、第一に市民に情報が適切に公開・提供され、それにより、市民が問題について理解を深められることである。インフォームド・シチズン（十分に情報を得た市民）は、政策についての議論を行ううえで必要な存在である。それに加え、単に情報を得るだけでなく、市民が政策の選択肢を築くうえで、情報を活用し、議論を行い、問題の理解を深めるような仕組みが社会に浸透することが必要である。

第二に政策形成プロセスの透明化と、政策の決定責任の所在の明確化である。

(ii) 技術の発展段階に応じた市民参加の促進

技術の発展段階（開発、選択、改良など）に応じた、きめ細かな市民参加を促進するべきである。市民参加を促進することによって、長期的に技術開発の多様性を確保することができ、そのなかからより社会親和性の高い技術が開発される可能性が高まる。

その理由は以下のようである。

● 風力のような新エネルギー技術は地域特性が高い。地域の自然や環境について知識をもつ市民が、技術選択に発言をする機会を得ることができれば、地域特性に応じた多様な技術開発につながり、有用である。

● 中央（政府や企業の本社部門）で技術の開発や選択が行われ、その結果生まれた技術が地方に普及されるというトップダウン的な技術開発方式は、単一な技術の普及に終始してしまう。技術開発の軌道を切り替え、技術の多様性を追求できるようにすることは有益である。

● 日本のエネルギー確保について、新エネルギー技術の活用は重要である。技術の発展段階に応じた市民参加は、新エネルギー技術を日本の社会に最適に組み込む仕方を探ることに役立つ。
● このような技術開発システムが確立されれば、日本の風土にあった技術開発ができるので、それを日本型モデルと呼ぶことができる。このモデルは世界各地の特性に適合する技術開発に寄与し、国際的な貢献につながる。

(iii)　日本の社会状況に見合った市民参加の促進

欧米の豊かな市民参加による政策形成や技術開発の経験を参照しつつ、日本の政治、経済、社会、文化状況に即した独自の市民参加のあり方を考案することが重要である。

以上の提言は、新エネルギー技術を発展させる政策について述べているのだが、市民参加のあり方に主眼が置かれているのに注目いただきたい。市民の見方や考え方、知恵をうまく合わせることによって、価値が生まれ、知識が生まれるのである。いかに市民参加が重要と世界の識者が考えているかがおわかりいただけると思う。技術の発展に主眼を置いた提言ではあるが、技術も広い意味の知識だと考えれば、知識の生産にも、市民参加が重要である。

二　薬害防止

一九八〇年代を通じて非加熱血液製剤によるエイズ感染の問題が指摘されていたが、その回収の措置がとられなかった。そのため、血友病患者に対し、非加熱製剤が投与され続けたことにより、HIV感染が広まった。この薬害エイズ問題は、九〇年代に一挙にマスメディアが報じるところとなり、刑事事件にも発展した。

薬害エイズ事件を契機に厚生省（当時）からの要請により、薬害防止システムについて研究が行われた。背景には戦後、サリドマイド、スモン、クロロキン、ソリブジン等、相次ぐ薬害が起きたことがあった。行政、製薬会社、医療機関の間の意思の疎通と決定に問題があるのではないかという認識で研究が進められた。その結果は、一九九九年『薬害等再発防止システムに関する研究』として公表された。その内容を簡単に紹介したい。

主な薬害の経過は巻末の参考資料3を参照していただきたい。

研究の基本的な考え方は、「産官学医の閉鎖的な関係の存在が薬害の発生につながったことを明らかにし、こうした産官学医の関係を解消し、国民の生命と健康を第一の目的と据え、相互に知識創造を触発する新たな共創システム（知のネットワーク）の構築を提唱する」ことである〔NIRA、一九九九〕。「このシステムのなかで、各主体は、情報公開と自己責任原則のもと、それぞれに期待される独自の知識創造を追求することが求められる」としている。このシステムは、以下の四つの課題への対応を想定するものである。

(1) 患者の価値観や判断が、医療の選択に十分生かされることが重要であり、医薬品のエンドユーザーである患者は、副作用を中心とする情報の循環的流れの中心に位置づけるべきであるとする「患者中心の医療の実現」。

(2) 行政の国民生活への過剰介入を改め、情報公開、選択の自由、当事者間の明確なルール、及びルール遵守を担保するメカニズムを確立させたうえで、関係者の自発的意思による自助努力と自己責任を枠組みの基礎とする「自己責任と自発的意思の尊重」。

(3) 医薬品の臨床試験や承認・審査基準の科学的レベルを向上させ、また、市販後の副作用情報を適切にフィードバックさせることによって「医学・医療のグローバルスタンダードへのキャッチアップ」を目指すこと。

(4) 厚生行政は、国家レベルの戦略的見地から、共創システムの知識の獲得等を通じて実現する知識による管理行政と、リスクを管理する行政に有機的に分業すること。

この研究では、過去の主要な薬害を分析した。その発生要因は一見異なっているようにみえても、いずれのケースも連鎖的な不具合によって薬害が発生しているというシステム上の問題点を共有していたのである。薬害を防止するためには、産官学医それぞれが、多重防御の考え方に則った機能を果たすとともに、連携・協力により一体的に機能する「医薬品のリスク管理システム」を早期に構築していく必要がある。右に掲げた四つの課題に対処するため、「薬害発生の関係主体である産官学医それぞれの役割と相互関係を抜本的に改革し、新たな共創システム（知のネットワーク）を構築する必要性」を強調し、後に九点の提言をした。

1　薬害を防止するリスク管理システムの早急な確立

2　患者中心の医療の確立
患者の権利に関する法律を制定し、インフォームドコンセントを確立し、医療記録を患者が活用できるようにする。医療政策に患者の知見や意向が十分反映されるように制度改革を図る。

3　産官学医の関係の閉鎖的性質を清算し、情報公開し、各主体の責任を明確にすること

4　厚生省は、国民が自己責任の下に判断や選択を行う医療システム等全体を構想する政策官庁となるべきである。

5　国民の生命と健康に係わる情報体制の強化と完全公開

6　医薬品の厳格で科学的な審査制度の実現

7　医療・処方の適正化および医師のあり方

8　血液の安全性の確保とリスク管理をはじめとする血液政策の是正

9　被害者の早期救済策の実現

この薬害の再発防止の研究は、過去の薬害の事例を十分踏まえ、また現場の副作用情報を、処方、研究、行政にフィードバックするという知識の生産、流通を容易にするような社会システムの構築という画期的な結論を提案したという点で秀でたものであった。

しかし、このような提案をしたからといって、すぐに事態が変わるものではない。実際には副作用の情報は、なかなかすぐには表には現れにくいものである。この研究が、どの程度のインパクトを社会に与えたかは明らかではない。その後も、薬害か、薬の副作用と思われる事例が、新聞で報道される。だが、この研究結果は、関係者の考え方に影響を及ぼしたとみることができる。

二〇〇三年三月二日付『朝日新聞』の記事「副作用警告遅れる　肺がん剤イレッサ」によれば、肺がん剤イレッサの販売会社は、薬品と副作用の因果関係を認めたうえで、厚生労働省の指示が出る一ヵ月前から添付文書の改訂を検討していた、という。つまり、政府からの指示が出る前からこの問題を認識していたにもかかわらず、副作用警告を出すことをためらっていたということが問題なのである。これについての厚生労働省の担当課長の談話は、「販売元が安全性情報に対する感度が悪いのは困る」というものだった。

この談話は、先の提言で訴えた点をふまえている。すなわち薬の副作用情報を感知し、すばやくその情報を医療現場から、製薬会社、医療研究、薬事政策にフィードバックする仕組みが必要であるということを念頭におき、問題の副作用情報を早く警告にして通知すべきであったと語っているのである。

三　知識社会への意味

本章でとりあげた風力の技術開発、薬害防止システムは、いわば公共に広く薄く利益が広がる知識の創造の例である。

発電や製薬という利潤追求の主体も関係するが、それだけでは到底、この広く薄い公共知識創造のメカニズムを、働かすことはできない。なぜか。一見、自分の得にはならないような風力開発の努力や、むしろ自己が所属する組織には不利益になるかもしれない薬の副作用などの情報開示が、その原動力の一部となっていることに注目したい。欧州の風力では、技術者の不断の挑戦と、その結果の情報を共有するところから、開発が始まった。また、そうした開発と普及に賛同した市民の力も重要であった。薬害防止でいえば、副作用情報を、機敏に察知し、情報交換・共有し、検証し、処方や研究や政策に反映する社会的連絡体制がなければいけない。

そして、それらの情報が共有されることによって、公共に役立つ知識を創造していくことができる。そのような公共的知識創造のメカニズムを働かせるには、どのような条件が揃っていなければならないか。

一つには、個人個人が情報と知恵を出し合おうとする姿勢である。

二つ目には、そのような個人の努力を成功に導く全体としてのシステムがあることである。

三つ目には、個人が努力し、システムをつくる基盤となる社会の価値が明確になることである。これらを前提として、公共的な知識を生産するシステムと意思が、維持できる。

繰り返すが、従来の「単純な知識社会のイメージ」では、知識労働に基づく豊かさの追求が強調された。そのなかで、直近の課題としては、高度な知識を備えた労働者を養成すること、そのためには生涯にわたる教育が重要になることなどが言われている。知識は、企業を中心としたモノ、サービスの提供のなかで使われることが引き続き中心とされているようである。モノ、サービスの生産、提供の仕方が知識を用いることにより、高度になると考えられている。そのようなイメージでは、知識経済すなわち知的所有権の獲得が重視され、それがゆえに競争により私的利益を追求することに力が入れられるため、公的な方面への知識の活用の重要性に目が向かわないおそれがある。

それに対して、本書では知識はそれだけではなく、公共のための知識も重要であり、それによって社会が進歩することにより、豊かな社会になることを強調したい。**公共部門における知識の活用の重要性が強調されるべきなのである。**

ところで、豊かさとは何かを考えていくと、モノの豊かさ、健康、精神的な豊かさなどが挙げられる。それに加えて自分が望むことを成し遂げるということがある。あるいは、自分の能力を最大限に活用すること、自分の知りたいことを追求することである。

風力の場合にも、地元に吹く強い風を、何とか発電に結び付けたいという個人の思いが強く表れていた。ここに知識社会のもう一つの側面をみることができる。

一九八九年に中村桂子は、「生命科学の発達により、生命のあり方を分析だけではなく、文明や哲学も含めて総合的に考える必要があり、そのための場所として生命誌館を提唱する。楽しみとしての科学を提唱したい。これは科学の発展により、知識を総合して、生命現象そのものを深く、多彩に、多くの人がそれぞれの立場で考察することが必要である」ことを説いている［NIRA、一九八九］。この提案は、のちに生命誌館の誕生につながっている。

さらに、米本昌平は「基本的人権としての真理探究権」を提唱する［米本、一九九九］。市井の人が既成のアカデミズムの枠外で研究活動を行うことが、アカデミズムという権威を崩し、研究活動を文化にしようというのだ。具体的には、国立大学等の図書館、資料館を一般に公開すること。非職業科学者として自主的に研究を行っている者には、その費用について減税措置を認めること。これは、私的な研究であってもそれを公的な意義があるものとして費やすお金を公費として認めようという趣旨である。そして一般の人が研究をしようとしたときに様々な支援を行うサービス業の興隆の可能性も論じている。これは中村の提案と、方向性として相通ずるものがある。米本の場合は、さらに大きく話を展開しているのだ。

個人個人が知的好奇心を持ち、それを満足するために何らかの活動をすることはとても必要であると思う。それを「研究」というかどうかはともかくとして。本章で論じた、公共的な知識の生産も、基礎として、個人が事物に好奇心や関心をもって解明するという行為をすることが前提条件となっている。公共的な知識生産においては、個人個人が情報と知恵を出す努力をし、個人の努力を支える社会システムがあり、そのシステムの基となる社会の価値を編み出すことが重要である。

個人は、自分の価値観と、自分の属する組織と、社会の価値観のはざまでどのように情報と知恵を出すかに葛藤することになるのだろう。それが知識社会の一面である。

引用文献等

『朝日新聞』二〇〇三年三月二日「副作用警告遅れる　肺がん剤イレッサ」。

飯田哲也［二〇〇〇］『北欧のエネルギーデモクラシー』新評論、一九三～一九六頁。

飯田哲也［二〇〇一］講演「新エネルギー開発の政策形成過程について」二〇〇一年九月、NIRAにおける講演会。

金子郁容、松岡正剛、下河辺淳［一九九七］『ボランタリー経済の誕生』実業之日本社。

木場隆夫［二〇〇二］「新エネルギー政策と技術評価に関する諸外国との比較」『NIRA政策研究』Vol. 15, No. 7「新エネルギー開発の政策形成過程と市民参加――風力を例として」三四～三七頁。

児玉文雄［一九九八］「経路依存性と協力・競争」進化経済学会編『進化経済学とは何か』有斐閣。

資源エネルギー庁のホームページ、http://www.enecho.meti.go.jp/energy/newenergy/newene03.htm
新エネルギー財団［二〇〇一］『風力発電システム導入促進検討の手引き』。

総合科学技術会議［二〇〇一］月例科学技術報告『科学と政策との関係』二〇〇一年八月三〇日。

NIRA［一九八九］研究叢書『生命科学における科学と社会の接点を考える』。

NIRA［一九九九］『薬害等再発防止システムに関する研究』。

NIRA［二〇〇二］『NIRA政策研究』Vol. 15, No. 7「まとめと政策提言」『新エネルギー開発の政策形成過程と市民参加――風力を例として』三八頁。

NEDO［二〇〇〇］『新エネルギー技術開発関係データ集』。

原田保、松岡輝美編著［二〇〇二］『SOHOベンチャーの戦略モデル』中央経済社。
ベル、ダニエル／福島範昌訳［一九九八］『最後に残る智恵』たちばな出版、八九～九二頁。
米本昌平［一九九四］『地球環境問題とは何か』岩波書店。
米本昌平［一九九九］「専門家と素人の間」『岩波講座　科学／技術と人間　2　専門家集団の思考と行動』岩波書店、四六～五二頁。
European Wind Energy Association [2002] 'Wind Force 12-A Blueprint to Achieve 12% of the World's Electricity from Wind Power by 2020'.
Rinie van Est [1999] *Winds of Change A Comparative Study of the Politics of Wind Energy Innovation in California and Denmark*, International Books.
Wagner, Andreas [2002] 'Wind Power Generation and Local Involvement in Europe —— The Secret of Success' 二〇〇二年本ワークショップでの発表。

第五章　知識社会への飛躍

第一章で知識社会への問題提起を行い、第二章以下で、近年の知識生産に関する特徴を述べた。本章では、まとめとして、知識社会への問題提起についてどれだけ掘り下げることができたかを、整理する。すなわち、知識社会においては価値の再編が重要と主張する。プチ専門家症候群を克服し、さらに、望ましい知識社会への飛躍を目指すための具体的方向性を述べる。

一　知識社会再考

1　プチ専門家症候群

(1)　相次ぐ事件、事故

一九九五年、オウム真理教による毒ガスを用いた事件は、いまだ記憶に新しい。彼らはなぜ、「科学技術省」などという組織をつくり、理科系の優秀な若者を集められたのか。そのような行為がされてしまったのだろうか。

科学技術の進歩は著しく、それを学ぶことは重要である。しかし、大学で科学を学んだ学生が、その知識を毒ガス製造などということに用いてしまった。科学的知識は、使いようによって現実の世界に猛威を振るうことを歴史のなかから学んではこなかったのか。専門的知識をもつ人間には、その知識を用いる際の責任があるのだ。オウム真理教の毒ガス事件は、それをまざまざと思い知らせた。

阪神淡路大震災における高速道路の倒壊によってそれまで安全だとされてきた耐震技術に疑問が呈された。さらに薬害エイズ問題の噴出、BSE（狂牛病）対策の不手際などにより、科学技術の専門家を含めた政府の決定の信用が落ちた。

第一章で論じたプチ専門家症候群が、いろいろな形で表れている。専門家に対する信頼の低下につながっている。

専門家に対する信頼の回復が必要である。それには、第三章で論じたコンセンサス会議などの専門家と市民のコミュニケーションの改善に期待がかけられる。専門家集団の抱える構造的問題を、専門外の人間が他の角度から突いてみせることが有用である。そのための情報公開やコミュニケーションの機会を工夫することが必要だ。以上、本書の力点を置いたところは知識を直接に用いる専門家と他分野の人々のコミュニケーションの重要性であった。そして、それを活発にするため、社会システムに工夫がいるということであった。

本章では、これとともに専門家に対する信頼の回復にかかわるもう一つの点について言及したい。それは知識の直接的な担い手である専門家自身が、何をしてはいけないかという教育を受け、わが身を律していくという「技術倫理」である。

「技術倫理教育」が昨今クローズアップされている。科学者、技術者という個人の倫理観が高まることは有益である。ただ、そうした個人の資質の向上だけでよいとは私は考えない。先ほど述べたように専門家とそれ以外の人がかかわりをもって、問題の解決や新たな方向性を模索することが必要だと思う。社会全体にそうしたことを考えるきっかけをつくることが重要である。それは知識社会が払うべき代償なのだ。

(2)　プチ専門家症候群

知識を扱う人間が大衆性を有していて、それが問題になるということを「プチ専門家症候群」として警戒してきた。薬害エイズ、ＢＳＥ対策の遅れ、近年のさまざまな専門的分野をめぐる問題の発生がみられることは繰り返し本書で述べてきた。

プチ専門家症候群が発生するきっかけは、われわれの教育や研究や仕事のなかにある。

①専門化への視野狭窄のおそれ

科学の学問の最先端は限りなく高まり、専門領域は狭まっている。絶えず、最先端の動向を知ることだけでもたいへんな努力を要する。自分の専門に打ち込むあまり、自分の視野が狭くなっていくことにおそれを感じることも多いだろう。

人間はごく一部分についての知識をもって世の中を渡っているのである。極論すれば皆が各自の専門分野をもつに至っている。程度の差こそあれ、現代人は何らかの専門家的存在であり、同時に他の専門家に依存して生きているのである。多くのことを他の人に依存できるという信頼性が確保されなければならない。

もし専門化による危険が大きなものであって、それを回避するためには、他の専門分野にも知識をもつことが必要だなどということになれば、たちまち世の中は行き詰まってしまう。もとより人間はすべてを知ることはできない。したがって、専門家の信頼性が高まることが必要なのである。

②研究のための研究

知識をめぐる競争社会に参入すれば、その道は果てしなく続く。研究を志す者は、長く厳しい学究生活を余儀なくされる。博士課程を終えるころには、三〇歳近くになり、それでも定職がないといういわゆるオーバードクターの問題が起きている。研究の世界ではひたすら研究業績を上げることが目的となる。あるいは企業に就職すれば、企業の業績が上がるようなイノベーションに心身没頭させられ、多くの者が持っているであろう自分本来の探究心を見失ってしまうことが懸念される。ましてや公的な貢献のための研究をすることまで手が回らない。研究が自己目的化してしまい、本来の目的を見失うおそれがある。

③マニュアル化人間

学校や職場やマスコミから得た「知識」をもとに、人は何かの仕事を行う。しかし教えられたことと、実際の現場とは違うということはよくあることだ。体系的な知識とそれを具体化したマニュアルに従って業務を行うだけでは済むはずがない。しかし、マニュアル通りに処理をして済ましてしまうこともあるだろう。そこに幾ばくかの「痛み」を感じるであろう。ここに現場の当事者が、現場の状況に応じて常識をくつがえしても何かを実現するということが尊ばれる素地があるのだ。あるいは個人がその思いを実現させるために、組織の意向と葛藤することが必要なのである。

現場の技術者が組織のなかで風当たりが強くても、自らの思いを技術開発に結実させるというテレビ番組「プロジェクトX」が高い視聴率であるのは、それに共感する体験があるからではないか。

2　知識社会からの疎外

科学技術が進む一方で、人々は知識社会から一種の精神的な疎外感を味わっているようだ。知識のない者が、不利益を被るというなかで、知識を身に着けるのを余儀なくされることに不安を感じるのは無視できない。そのようなことはいたるところで起きている。

①スキルの向上という強迫

例えば、知識水準が著しく高まっている状況で、絶えず、勤労者はスキルの向上をしなければならない。絶えず、自らの技術的「知識」を高めなければいけないのである。自分とは関係のない外界で「発達」した技術に適応しなければ生きていけない。コンピュータや情報技術の取り扱いなどについていけない中高年者（若年層にもあてはまる）が増えているという問題がある。仕事についてからも、例えばパソコンを操作するにつけ、絶えず、バージョンアップについていかなくてはいけない強迫感がつきまとう。そうしなければ、落伍してしまうように感じる。その分だけ自分自身の存在感が小さくなっているのではないか。他の人が生産しつづけている知識をひたすら受動的に受けつづけている人は、いつしか、自分の主体性を見失い、自分の存在が希薄化するのだ。

②勉学意欲の低下のおそれ

若年層の勉学意欲の低下のおそれがマスメディアの記事として目につく。これは見過ごせない問題である。ドラッカーの『断絶の時代』で指摘されていたのは、高等教育を受けられる者とそうでない者の差が広がるということである。今日の日本では高等教育を受ける門戸はかなり大きく開かれていると思われる。高等教育を受ける機会の有無によって、大きな所得格差が生じているとまではいえない。しかし、今後は、護送船団方式の崩壊のなかで、総中流意識が崩れ社会階層の分裂が進むという議論がある。また学校のなかで、子どもたちの学力低下の傾向も出ていると言われることもある。子どもをめぐる様々なサービスが発達し、子どもが商業的な遊びにはまっている結果、勉強に集中できないケースも多いのではないか。日本では就学率は高校、大学とも高いが、実際には、勉学意欲を失う若者も多いといわれる。勉強をして良い学校に行けば、良い就職ができるという循環が失われつつあることが、勉学の動機の低下といえないこともない。さらに、余りにも大きくなった知識体系を前に、勉学の意欲も萎えてしまうことも往々にしてあるのだ。

③忍　従

また、現代社会においては、知識の生産は果てしなく続く。知識生産にあたっては、学校教育、あるいは長期にわたる研究、実務により忍従が強制される。こうした忍従に耐えきれない人は知識生産への興味をなくしてしまうかもしれない。古来からの蟻とキリギリスの寓話では、ひたすら食べ物を集めて働いた蟻が冬に生き残り、キリギリスは冬には死んでしまうということであった。だから、人も働かなければいけないという教訓であった。しかし最近ではパロディができていて、蟻は働きすぎて、とうとう死んでしまい、楽しく遊んだキリギリスが生き残るという話があるそうだ。果てしなく知識を詰め込まされ、働かされる蟻ではなく、キリギリスを選択する人も多いだろう。

④分野間の断絶

また、専門用語の氾濫に辟易とした経験は誰の身にも覚えがあるだろう。すでに一九五〇年代に文科系と理科系の二つの文化の断絶について語られている。これらは、分野間の断絶があることを意味している。他の分野からの疎外を現代人はつねに受けているのである。

このように知識の発達によって、人間が知識に振り回され、主体性を失うという「疎外」の現象が起きている。工業化の時代に労働者が機械によって「疎外」されたと言われた。それと似たような構造が、今、知識と人間にもありうる。また、この疎外の現象やひたすら知識の習得を強制されるという状況は、つい自らの専門領域のことのみにとらわれすぎてしまうという「プチ専門家症候群」の遠因ともなっているのである。

3　知識の陳腐化

以上のように世の中の進歩とともについていかなければ、自分の知識レベルは遅れたものになってしまう。非常に特別な例ではあるが、米国にはアーミッシュと呼ばれる昔の欧州の生活信仰習慣を守る少数の人が住んでいる。そのような人々は極めて特殊である。多くの人は、何とか進んだ技術レベルに遅れまいと努力している。このようなことは個人だけではなく、企業にもあてはまる。

企業レベルでも個人のレベルでも、その持っている知識は減耗する。したがって、そのため、知識を絶えず、向上させる訓練が不可欠である。企業が研究開発を行い、人材開発を行うのはそのためである。皮肉ともいえるが、科学技術の水準の高まりによって既存の知識の陳腐化が著しい。企業が研究投資を行って積み重ねてきた知識は、時間とともにその新規性を失う。これを知識の陳腐化による減耗と呼ぶことができる。企業は、競合他社がその秘密を知ることを防ごうとする。しかし、技術やノウハウも、いつしか漏れ出し、知られるところとなる。こうして知識のもつ商業的価値はその企業にとっては減少する。

知識の陳腐化について日本で詳細に研究したのは、後藤晃である。後藤は日本企業の研究開発に関して、知識の累積と経年的な陳腐化について本格的に研究した。企業の有する知識のうち約一〇％が陳腐化すると見積もっている。これは、企業の特許の維持継続年数などから算定されたものである［後藤、一九九三］。毎年、一〇分の一の知識が陳腐化するということは、おおまかにいえば一〇年たてば、昔の知識は企業ではまったく過去のものになっているということが推察される。

従業員の訓練は従来日本企業では、ＯＪＴという方式で企業内において行っていた。しかし、企業の盛衰が激しくなり、労働者の流動性が高まった。このため、企業内での訓練は、採算がとれなくなってきた。

また、企業内で通じる技能を習得すればよいというわけではなくなってきた。会社や個人と世間とのかかわりあいが広くなるにつれて、一般的に通用し、それを理解していなければいけないような専門的技能や知識が仕事のなかに増えてきた。ここにも自ら学んで、スキルアップする必要が生じたのである。

そのようなことで、現代人は絶えず、自分の知識と技術を磨き、向上させることを余儀なくされている。否、現代人は、外界で発生する「知識」に合わせて自分を変えていくことを、進んで、喜んで行う人間とさせられてきた。それが、前項で述べた、知識社会の疎外の原因となっているのだ。

4　知識社会における独り勝ち現象と再分配

知識社会においては、学問や特許取得が端的であるが、一番乗りをした人だけが称えられる。二番手以下には、ほうびは少ない。知的所有権の拡大のなかで、最初に成功した技術や商品が、世界中の市場を独占してしまうというケースがみられる。いわゆる独り勝ちである。また、規模に関する収穫逓増の現象もみられるという［佐和、二〇〇二］。グローバリゼーションの問題として、国際金融システムが肥大化し、一国の経済さえも振り回される。まして伝統的な零細地場産業は不安定になる。

第一章で述べたように、貧富の格差拡大が懸念される。イノベーションによって生産力は全般に高まっている。残るのは分配の問題である。分配機能を正常に働かせることが必要ではないか。

二　解決への糸口――プチ専門家症候群を超えて

前節で触れた知識社会の問題について、どのような解決があるのだろうか。その糸口を考えてみたい。

1　知識の組み合わせ

第一章において、理論知と経験知を組み合わせることが、豊かな知識社会をもたらす方策であると述べた。

第二章において、理論知を多く持つ専門家と、理論知には相対的に乏しい市民が、対話し、市民だけによって、科学技術に関する話題についての意見をまとめるコンセンサス会議が時代の趨勢によって世界的に広がったことを述べた。そして、その市民のまとめた意見はただちに政策に取り入れられるものではないにしても、他の人々に参考になる文書である。そして、専門家集団が構造的にもっている問題について、外側からそれを取り出し、可視化するという機能もあるということを述べた。市民は、経験知を用いて、理論知を補うことができるのである。

コンセンサス会議は、市民参加型会議の一つの手法である。コンセンサス会議以外にも目的やテーマに応じた市民参加の会議の方法は近年多数開発されている。その基幹をなす市民パネル制度とファシリテーター（人々の話し合いを促進させ、アイデアが生まれるのを手伝ったり、コミュニケーションがうまくいくように司会する役柄の人を指してファシリテーターと呼ぶことが最近多い）は、他の手法においても重要と見られている。市民の参加とファシリテーターの活躍によって、多彩な知の組み合わせをすることが非常に有意義だと急速に認識が深まっているのである。

(1)　公共部門における知識生産の活発化

これまでの知識社会の議論の中心は、知識経済化のなかでいかに企業や国が適応していくかという面が強かった。私企業の利潤追求をてことして知識生産の競争を起こし、経済発展しようという意見が強い。それは重要な点であり、私もまったくその重要性には疑いをはさまない。ただ、余りにそれに議論が集中しているので、それだけでは知識社会を語るにおいて十分ではないと思うのである。知識は使用して減耗するものではない。使うほどに知識は磨かれる。知識をより多くの人が用いることによって、効用の向上があるならばすばらしいことである。公共部門においてこそ、知識を増やし、活用することが適当ともいえる。しかし、公共部門における知識生産に最も適した仕方は、あまり知られていない。本書では、それについて多少の手がかりを述べたつもりである。

たとえば第二章の地雷廃絶における諸市民組織の連帯による知識創造、第四章の風力発電や薬害防止における知識創造の場合にみたように、私的利益追求のみが知識生産の手段ではない。むしろ多くの者がかかわることにより、そして自分の立場から瞬間的には、距離をおくこと、あるいは自分が得にならないこと、むしろ損になるかもしれないようなことさえを情報発信することにより、公共に役立つ知識は生産されるのである。

また、社会の変化はいっそう激しくなる。新しい企業が次々に興っては、死滅していく。従来、研究開発の中心だった企業のなかに囲い込まれた知識労働者は、企業以外のいろいろな社会で活躍する場面が増えてくる。その場合、例の「二枚の名刺」のような状況になるであろう。

そのようなことから公的な場面で、知識を応用し、あるいは知識生産をするという態様が増えるであろう。風力発電ではとくに開発の先駆的場面において技術的に不確実なことが非常に多かった。不確実なことに対してチャレンジができるような社会の柔軟性が必要である。

また、風力発電では、社会的な価値観の変化、つまり環境問題への世論の鋭敏化とともに、風力への支持が高まった。このように知識創造のスタイルを価値観や社会にあわせて変えていくことが必要である。風力発電は時代の流れにのったのだ。時代の流れをとらえることが必要である。それには価値に基づく社会システムの改変が必要である。それと同時に絶え間ない価値の創造が重要なのである。

そのためには、社会の枠組みをつくる政治に対する参加も重要性を増す。繰り返すが、コンセンサス会議のような市民参加型ワークショップはそのための仕組みの一つである。知識を適切に生産し、適切に応用していく仕組みを社会のなかに取り入れなければいけない。多彩な知の組み合わせを図ることが政治にも求められる。

(2) 市民組織の連帯

第二章では、市民の連帯による対人地雷廃絶運動の例をとりあげた。そこでは、世界各国の多様なN

GOが専門知識を提供し、それが結束して地雷廃絶の国際世論をリードしたのであった。そこでは、NGOが各専門分野から地雷廃絶を訴えたのであった。

すなわち、医療のNGOは、対人地雷による被害者の恒久的障害の状況を訴えた。軍事関連のNGOは、兵器としての対人地雷の非有効性を訴えた。子供を守る運動をするNGOは、地雷による子供の犠牲が多いことを主張した。人権問題のNGOは、地雷が無差別被害をもたらすことが非人道的であることを主張した。そして、地雷に詳しいNGOは各国における詳細な地雷被害状況のデータをもって、条約交渉をリードしたのであった。そして、これらのNGOが国際的にネットワークを組むことにより、大きな力となっていった。各NGOの知識が組み合わさり、対人地雷を廃絶するべきであるという信念がより強固になっていったのである。

この例では、最初は対人地雷廃絶は大国の思惑によって、封じ込められていた。それに対してNGOによる知識の組み合わせを用いながら、それを国際的に共有できる価値にまで高め、国際政治を動かすことができたのである。この例から知識の組み合わせの仕方を学ぶべき点が我々には多々ある。

(3) 知識創造の理論モデル

これまで知識の組み合わせの重要性とその仕方について述べてきた。

知識創造についての理論的な研究は、とくに企業経営に関して先行している。組織における知識創造についての研究で著名な野中郁次郎らがSECI（セキ）プロセスというモデルを提示している。それをごく簡単に要約すれば、知識には言葉に表せることができる「形式知」と、言葉に表せない「暗黙

図 5-1　SECI プロセス

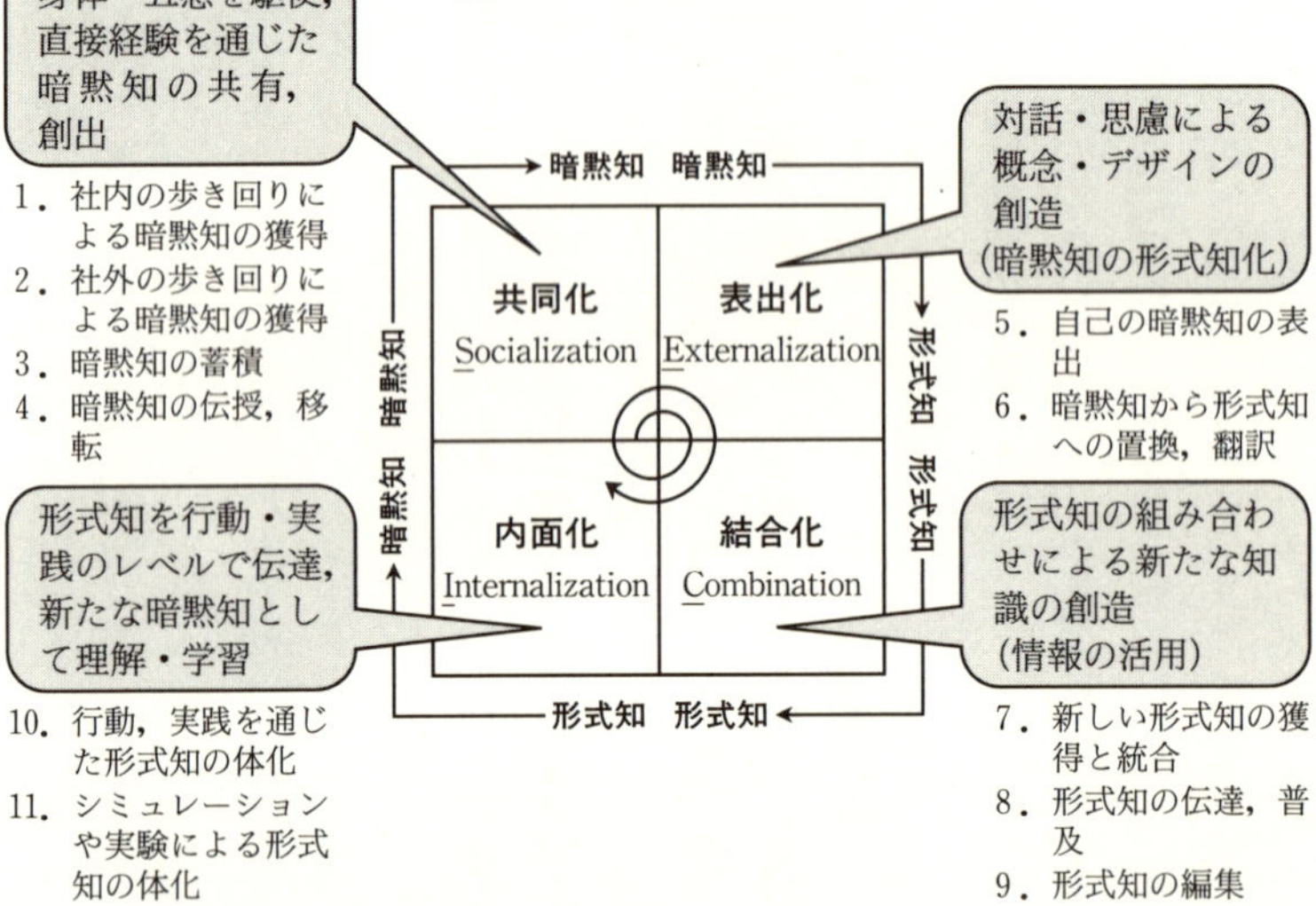

出所：野中，紺野［1999］，111頁．

知」がある。知識を創造するプロセスはこの二つをうまく組み合わせることと理解することができる。すなわち、野中によれば、「形式知」を組み合わせる結合化、「形式知」を基に実践により「暗黙知」を深める内面化、共同体験による「暗黙知」の成員間の共同化、対話・思索による「暗黙知」の「形式知」への表出化という四つのプロセスがある［野中、紺野、一九九九］。

　本書で強調してきた知識の組み合わせの重要性というのは、野中らが述べている「形式知」と「暗黙知」の間、あるいはそれら同士の結合や融合が図られることに通じるものである。筆者の考えるところ、おおざっぱには「形式知」はダニエル・ベルのいう理論知に近い。「暗黙知」は経験知に近いものとみられる。野中らのモデルは主に企業における知識創造を念頭に置いているようであるが、これは企業以外の場合にもあてはまるだろう。

広い社会において、いかに知識の組み合わせを促進するかは新たな課題だ。

(4) 文脈の再編

第一章において、知識には文脈依存性があることを述べた。ここでは知識の背後に存在する文脈の再編について述べたい。

第三章で扱ったコンセンサス会議では、「遺伝子治療」について、専門家の説明を受けた市民パネルが議論をして意見をまとめた。そこでは遺伝子治療のインフォームドコンセントに対して、市民パネルは遺伝子治療を受ける患者の身になり、その目線から批判してみせた。これは、インフォームドコンセントで患者の同意（不同意）を取り付けようとする医師の考えとは違っていた。市民の文脈と、専門家たる医師の文脈とは違っているのである。

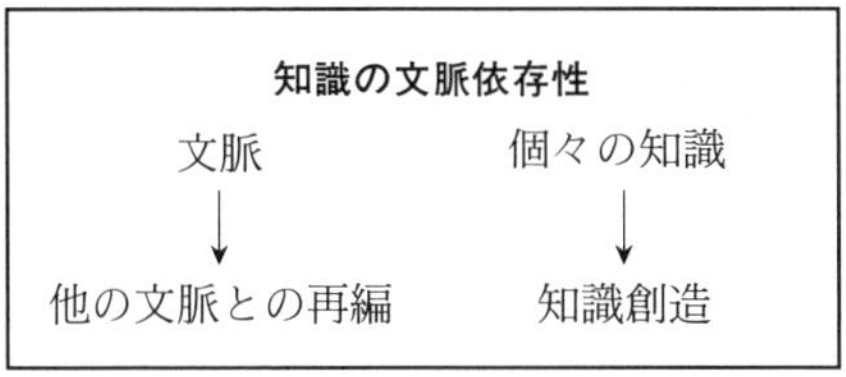

そして、文脈は主体、つまり個人や組織のバックグラウンドにより異なる。各主体の文脈の異なりをうまく組み合わせることができれば、地雷廃絶の場合のような成功を収めることができる。

したがって、知識をより豊かにするためには、各主体の違う文脈を、結合させたり、重ね合わせたりする場を設け、文脈の軌道を修正していく機会を多くもつことがよいといえる。しかし各主体のもつ文脈は、往々にして他の主体からみてはわかりづらい。相互の立場や視線を理解することが大切である。たとえばコンセンサス会議のように、専門家と市民が対等の立場に立つことを意識的に行うことが有用である。

文脈の軌道を修正するというのは、例えば、人々の対話と共感によって、主体間の文脈の混交、連結が起きる。それによって、新たな視点が生まれる。そこから、知識が育まれる可能性が高まるといえる。知識の生まれるもとである文脈の再編の機会を広める必要がある。

(5) 教育の仕方

インターネットの普及に伴って、飛躍的に情報の入手が容易になった。このことからも文脈の再編という行為が重要であると言えるのである。インターネットでみられる情報が正しいか、信頼してよいかどうかは議論がある。しかし少なくとも政府の統計などは信頼性がおけるものが多い。その入手には、インターネットは絶大ともいえる威力を持つ。そうしてみれば、従来、学校で教えられていた情報は、今後は、インターネットのサイトを見ればよいということになる。ことは、そう単純には済まないが、おおざっぱにはそのような方向に進みつつあるとはいえるだろう。仮に、そうだとすれば、学校の役割は変わることになる。まさに先生と学生にとっての課題として浮上するのは、いかに考えるかということであろう。

個人が、本を読み、インターネットで情報を漁って、考えるのは重要なことである。外部の情報を取り入れるのは容易になった。それに加えて今後は、第三章で述べたコンセンサス会議の例でみたように、見知らぬ市民同士が話し合って意見をまとめていくということが新たな思考方法として重要となると思われる。そこで行われるのは他の人との話し合いを通じて、いかに、他人と自分の考えに違いと同質性があるのかを知り、自分を相対化し、自分の知識と他人の知識を融合させるかということである。そうした討論やコミュニケーションのスキルがより有用になってくる。そうした仕方を広い意味での教育に取り入れていくことはできないだろうか。それが普及することによって知識社会の新たな展開がみられるだろう。教育においても文脈の再編が大事になるだろう。

2　技術倫理のクローズアップ

一九九五年、阪神淡路大震災での高速道路の倒壊、オウム真理教の地下鉄サリン事件が連発し、科学技術に対する信頼が揺らいだ。専門的知識をもつ者の限界が示され、科学技術を悪用したときの問題が露になったのである。

食品関連のさまざまな事件も起きている。二〇〇〇年には牛乳に黄色ブドウ球菌から出た毒素が混入した事件が起き、一万三千人の被害者が出た。製造ラインが定められた洗浄を行っていなかったことなどから、毒素が混入したのであった。また、安い輸入牛肉を国産と偽って、ＢＳＥ対策であった国の牛肉買取制度を不正に利用したという事件もあった。ビジネスの倫理も問われた。

これは、近年の技術やビジネスに関する倫理問題の一例である。しかし、この問題は古くから論じられている。オランダのスフールマンは、技術者がもつべき倫理を『技術文化と技術社会』という本のなかで説いた［スフールマン、一九八四］。

最近に至り、これらの問題への対策として、技術倫理がクローズアップされてきた。学会などで技術倫理綱領が策定され、専門家としての遵守が求められるようになった。

たとえば、技術者の高度な資格として技術士というものがある。技術士法によって、技術士にはいくつかの義務が課されている。例えば以下のような事項である。

信用失墜行為の禁止（技術士法第四四条）

秘密保持義務（同法第四五条）

公益確保の責務（同法第四五条の二）「技術士……は、その業務を行うにあたっては、公共の安全、環境の保全その他の公益を害することのないように努めなければならない。」と定められている。

技術士の資質向上の責務（同法第四七条の二）

これを受けて、㈳日本技術士会では、技術士倫理要綱を定めている。その主要な精神は、技術士は、公衆の安全、健康および福利の最優先を念頭に置き、その使命、社会的地位、および職責を自覚し、日頃から専門技術の研鑽に励み、つねに中立・公正を心がけ、選ばれた専門技術者としての自負を持ち、本要綱の実践に努め行動するというものである。

原子力の事故によって、原子炉等規制法は、一九九九（平成一一）年の改正で、同法律や命令に違反する事実があった場合には、これらの従業者は、その事実を政府に申告することができると定められた。そして、申告した者に対して企業が不利益な取り扱いをすることの禁止を定めたのである。いわゆる内部告発をした者を保護することを法律上明記したのである。

3　主体性の回復――知識社会の疎外の克服

本章第一節で述べたように、知識社会においては、精神的な疎外が大きな問題である。知識の際限ない習得を迫られる不安感、他人の知識へのたえざる従属と対応を強いられるストレス、主体性の欠如などについて述べた。絶えざるスキルアップへの努力は、ストレスと倦怠感を生む。自己の存在の意味を疑問に付す。外からの情報の圧力をいつまでも吸収することに耐えられない人は多いだろう。

(1)　知識体系のなかへの個人の組み込み

疎外の克服としては、知識体系のなかでの個人の位置づけを明確にすることによって、自らの存在を確認することができる。そのことの意味にもっと目を向けるべきだ。個人の持っている可能性を最大限に生かすことが望まれる。個人の主体性を復活させることが期待される。学習も受身だけではなく、自主的に行うことが望ましい。そのためには、様々な価値がもっと社会のなかで認められることが必要である。そのため知識の背景にある文脈を連結させて新たな視点、新たな価値を見出していくことが重要である。

(2) 個人的経験への着目

知識の生産は、社会全体の知識体系の部分的文脈として位置づけられるという意味で体系的なものでもある。他方、個人自らこそが試行錯誤的に身につけなければいけないという意味では経験的なものでありうる。知識生産の仕方は、誰かが教えてくれることもあるが、基本的には自分自身で考え、他者との関係をとり結んでいく過程で身につけていくものだろう。今、人間世界は複雑化・流動化しており、個人的経験を知識生産に生かすことができるようになれば、人間の知識全体をより豊かにすることができる。そして、そうすることによって個人の満足度が高まるであろうことに我々は着目しなければならない。

ある者が知識を生み出すことによって、行為を変えるのであれば、その知識は社会の変化を起こす一要因にもなりうる。個人が知識体系全体のあり方に関われることに希望をもつことができる。

個人が重要だと思う価値と社会的に重要視される価値の双方がある。個人が重要と思う価値を伸ばすためには、個人に対する評価の仕方を変えてみることも考えられる。成果を上げた人だけを重んじる評価だけではなく、第一に自分の能力に見合って努力することへの評価、第二にいろいろな可能性にトライすることへの評価を取り入れるべきであろう。

学校における勉学意欲の低下のおそれがささやかれていることについては、学校教育と社会や企業の乖離が問題といえよう。学校と社会が連携し、学生と外部世界とのつながりを良くすることが必要である。学習の機会をより豊かに多元的にする必要がある。成人になってからの知識のリノベーションや再教育はいうまでもなく必要である。しかし、そこにおいては受動的に知識を詰め込まれるというだけではいけないのだ。

(3) 知的好奇心の尊重

勉学それ自体の面白さを感じられることも必要である。主体的な知的探索の重要性について、中村桂子はおよそ以下のように述べている。生命科学の発達により、生命のあり方を分析だけではなく、文明や哲学も含めて総合的に考える必要があり、そのための場所として生命誌館を提唱する。楽しみとしての科学を提唱したい。これは科学の発展により、知識を総合して、生命現象そのものを深く、多彩に、多くの人がそれぞれの立場で考察することが必要である［ＮＩＲＡ、一九八九ａ］。この提案は後に、現実に生命誌館の誕生につながった。

ドーアは、多くの国において教育システムが進歩したため、そしてより高学歴を目指す若者が増えたとしている。そして、今や多くの国で学歴を身につけること自体が目的化していることの病理について述べている［ドーア、一九九〇］。教育は、多くの国において教育を受けること自身が自己目的化しやすいことが明らかである。教育のなかにおいて、自らの知的好奇心が尊重されることは重要なのである。

4　価値の再編

工業化、情報化が進み、便利な生活が送れるようになった。しかし、ものごとが余りにも早く進み過ぎるので、昨日まで有効であった価値が突然、捨て去られるようになっている。日本は第二次大戦の敗北によって一八〇度違う価値を取り入れた。今日は、それほどの大事件ではなくても、少しずつ生活のなかに変化が入りこみ、そして我々の生活の基盤を変えているのである。工場が中国へ移転すれば、ものづくりの労働やスキルが失われる。「お役所仕事」もいまやＩＴが導入され、電子政府へと大きく変化している。外国産の野菜が食卓に上り、自由化の恩恵と賞賛したのもつかの間、農薬の使いすぎが問題になっている。くるくると世の中が変わっているのである。

それは価値観の変化を意味している。価値観が変化するなかで、知識の正当性も希薄にならざるを得ない。そして何を信じたら良いかという問題を人間に突きつけるのである。今日ほどその意味で不安定な時代はないともいえる。

知識社会を迎えつつある現在において、人間は価値の不安定さをますます、いろいろな場面で感じるようになった。ものごとの変化が激しい今日において、価値さえも変わってしまう。価値が変われば自分のよりどころがなくなってしまう。その意味で、人は何を信じたらいいかが大きな問題となっている。新興宗教や勧誘商法が流行る理由がここにもある。

人間にとって、新しい社会的価値の発見が重要である。それは、公共的な知識の生産のところで述べたように、十分に価値は発見され尽くしてはいない。そして、文脈の再編に価値の発見の期待が寄せられるのである。

一方、後述するが、価値の実現に対応した知識の生産は、それに関する労働を発生させ、そこに富の分配を引き起こすとみることができる。このことは、いろいろな社会的価値について妥当する。そして、何が新しい価値なのかということは絶えず、問われているのである。

価値の再編とは、どのようなことであるか、次に生涯学習のなかにおけるパートナーシップ、協働などについて述べる。

(1)　生涯学習における教師と学生のパートナーシップ

知識の陳腐化と疎外の克服への対応として、生涯学習が重要と考えられる。ここでは、学習という言葉でイメージされるよりも広い実践的行為として、人と人との「相互啓発」が広まるべきであろうことを述べたい。

生涯学習の一環として大学や大学院への社会人の入学が増えている。社会人が学生になった場合は、その学習意欲は極めて高いことが多い。これは自主的に入学したのであるから当然ではあるが。そして、社会人学生は、特定の分野については、先生よりも深い知見をもっていることがある。もちろん、彼ら自身が専門的に毎日、行う業務にかかわることは、教授より詳しく知っているのは当然である。したがって、教師の方が偉く、学生にすばらしい知識を教え授けるという上下関係は、この場合、成立しない。もちろん、先生は学生から敬われるべきであるが、古典的な師弟の上下関係からは脱却した方がよいだろう。

子供のうちから勉強を続け、仕事につくことなく高校から大学そして大学院と進んだ大学(院)生と、社会人学生では、圧倒的に問題意識が違う。社会での実際の職務経験がある社会人学生とそうではない学生とでは問題意識のもち方がまるで違うのである。同じことを学ぶにしても社会人学生は固有のバックグラウンドがあるので視点に独自性がある。また、経験からものを判断するので、通り一遍の原理的な教え方では満足しない。社会人の教育は、内容と方法に多様性が必要である。

私の経験でも、大学院の経営学の一クラス四〇人は、みな違ったバックグラウンドを持って夜集まってきた。皆、自分の所属する企業に貢献できるような勉強を、あるいは自分のキャリアを高めようという意欲に燃えていた。非常にエキサイティングなクラスであった。

したがって、私が参加したあるゼミでも、一人の先生に私を含めて四人の学生がついたが、四人ともテーマは全く異なっていた。私のテーマは企業の海外における研究開発についてであった。他の人は、廃棄物処理立法について、企業の情報化と経営戦略の統合について、情報技術の研究についてであって、四人とも全く異なっていたので、相互にわかりづらい面はあったが、わからないながらも相互に刺激することはおおいにあった。先生はそれぞれについてたいへん上手に指導されていた。

より個性的な社会人学生を相手にするには、教師の役割も変わらなければいけない。特定の知識を授けるというよりは、学び方を教えるということがより重要になるのである。

成人学生に対して教師（教授）は、学生各自がもっている知識を体系化し、普遍化することを学生自らの努力をもって行うことを助けるべきである。また、ある分野と違った分野の学生の興味をとりもつような、媒介者になるべきである。

このことを敷衍すれば、上から下に教えるというタイプの教育は、もはや一つの仕方にすぎない。大学院では、違った分野の人たちが自発的に集まり、同じような学習の体験を共有することによって、相互に刺激をし合うことができた。ここでも、前節で述べた、教育の新たな役割をみてとれる。すなわち、文脈の再編が重要な課題だといえる。

⑵　協　働

教育の場でのパートナーシップが有用であることを述べた。次に、より一般的に社会のなかでいかに、他人とかかわって知識を深め、創造するか、自分の生活に根ざした知恵を言葉にするか、共同の知恵を養うかという仕方について、日本でも試行錯誤していく必要があろう。

ここで参考になるのは、最近着目されている「協働」の仕方である。協働とは、行政、企業、ＮＰＯなどの間、あるいはそれら同種内においても、異なる主体が相互に理解し、違いを認めあったうえで共通の目標を設定し、対等な立場で目標の達成にむけての課題を出し合い、解決の方策を考え、知恵と力を出し合い、一たす一が三になるようなダイナミズムと成果を生み出す関係性である［世古、二〇〇一］。

これからは、市民は行政サービスを受けるだけの存在ではなく、支えあう担い手であり、主体としての存在という性格を強めていくと考えられる。行政、市民ともに従来、日本にみられた行政へのお任せ民主主義からの脱皮をはかることによって協働型市民社会になる。そのためには個人と組織間、あるいはそれら同士がつながるネットワークをつくり、さらにはそれを活性化するべきと世古は説く［同、二〇〇一］。

このように広く社会のなかにおいても、個人と組織の新しい関係をつくろうという声は上がっている。日本の社会も徐々にその方向に変わってきている。協働をより強めていくには、単に参加を増やせばよいというだけではなく、間をつなぐ能力と技術をもった人間が必要とされるという。

参加型社会には、参加者の声をよく聞き、つぶやきを形にしていくようなリーダーシップが求められる。参加する市民がそのテーマや課題について知識や情報を得る必要があり、その場合には適切な専門家の参加を得て、市民の話し合いの場をつくっていかなければならない。協働をコーディネートするには、対人関係をうまくとり、会合を和やかに、参加を十分深めるように、しかも適宜引き締めて行えるような能力と技術が必要である。

参加型のプロジェクトを進めるためには、多様な合意形成の方法を考え、多様な分野の専門家とのネットワークを持てることが必要である。それを果たしうる人は「協働コーディネーター」といういわば立派な一つの職能であり、今日においてはそれが重要性を帯びている〔同、二〇〇二〕。「協働コーディネーター」の例でもわかるように、他人や他の組織とかかわりを強め、新たな文脈を築くには、そのための人間が必要で、そうした心構えが必要なのだ。

知識の生産において、他者とのかかわりをどう上手くつくっていくかは、今後の大きな社会の課題であろう。企業については、経営学のアプローチから研究が進んでいる。より緩い、多様性の高い社会においても知識を巡ってのより良い仕組みが探られるべきなのである。こうした見方から生涯学習のあり方を考え直すなら、新たな学びの仕方が考えられてよいだろう。この意味からも、日本の明治期以降進められてきた学校教育の延長線上ではない学習の仕方が求められるのだ。

(3) 価値の再編と現状の評価

ものごとを観察することから価値観は成立するという場合は多いが、逆に価値の再編によってものごとの評価が変わるということもある。現状ではなかなか受け入れられないことが、価値観を変えることによって、急速に普及するということがあることを述べて本節を締めくくる。どのような知識が求められるかについての判断に、価値観は重要であることが予想できるであろう。

一つの例としては、第四章で取り上げた風力発電にみられた技術を受け入れる社会のルールの改善が重要ということである。日本では、電気事業の規制が厳しく、試験的に風力を発電させることは難しかった。しかし、欧州では風力の実験が小規模に行われ、徐々に技術的知見が集積された。技術的蓄積が進んだ時期にドイツでは、風力発電による電気を買い取る義務を電力会社に負わせることによって、一挙に風力発電が普及した。

似たようなことは、情報分野でもあり、かつて日本ではインターネット技術の実験で情報を電話回線で流すことは、厳格にいえば電気通信事業法違反のおそれがあった。個々の技術のイノベーションはできても、それを支える社会的ルールがあまりにも融通が利かないと、技術的に立ち遅れてしまうことがある。技術と制度、社会的ルールを組み合わせて最適化することは技術革新において重要といえる。

英国の技術史家マイク・クーリーは、英国の航空機会社の下請けであるルーカス社が倒産寸前になったとき、同社の技術をどのような事業に応用することが可能かを従業員が考え、経営陣よりもよほど多くの可能性を考えることができたといっている［クーリー、一九八九］。これは、現状の経営を前提とした場合は、技術の価値は、選択の幅が狭まるのでそれほど高くはないが、実は倒産寸前の企業内には社会に有用な技術が驚くほどあったということを述べているのである。これは、経営の考え方を変えれば、組織のなかに多くの有用な知識の使い方が潜在的にはありうることを示している。したがって、現状ではうまくいかないことがあっても、違った価値観のなかでは有用なことがあるはずだ。それを見出すことが求められる。

ある目的を達成する手段を技術と呼ぶ。そして科学技術論の思想家、武谷三男によれば、技術について「技術とは人間実践（生産的実践）における客観的法則性の意識的適用である」と定義される［武谷、一九七五］。このことから技術は、行為主体の意識を前提としている。社会の移り変わりに照らし、その意識が正しいかどうか、不断の検証が求められよう。そしてそれを行うのは、主として技術者本人である。しかし本人が気がつかないことも多い。本人だけではなく、関連する人々との意見交換も有用である。技術の目的意識を問い直すきっかけをつくることは意味がある。

技術の目的は、武谷が述べたように技術を行使する主体である技術者が意識するものである。ところで技術者といっても、その個人はいろいろな立場をもつ。つまり技術者は、同時に家に帰れば家庭人であり、労働市場では労働者であり、市場では財・サービスの購入者であり、環境面ではリスクを被る者などでもある。これは先の英国のルーカス社の話と通底することであろう。そういった様々な側面を併せ持った個人に他ならない。技術について書いたが、知識を用いる知識労働者も同じことであろう。知識労働者はみずからの専門的な分野に関しては専門家として位置づけられるが、同時に市民としてどうみるかという立場もあるはずである。

専門家と非専門家の分断が著しい以上、技術の目的の再確認をするには、専門領域に関する自己言及が必要である。それを組織的に、あるいは意識的に、行えるようにしなければならない。本来、自らが取り組む事業の目的を再定義することは非日常的なことである。それが、今まで以上に求められることになるかもしれない。

自分の仕事にかかわる技術や知識の使用の目的の再確認をするという行為は、抽象的にいえば、外的環境と当人を含む技術システムの間の境界を再定義しなおすことなのである。

価値と評価は当然のことながら、裏腹である。現状の評価は重要であるが、それのみに固執しないで、本質的な価値を探索することは無益ではないのである。したがって、繰り返すが、社会における価値の探索と再編の機会が知識社会には重要だ。それが、知識社会の本質とさえ、いえるかもしれない。

5　余剰配分――生涯学習

いままで触れてきた「知識社会の問題」の解決の糸口として、知識の向上による余剰の配分について述べておきたい。現代の社会において、知識の有用性にかかわることであるが、一つの有力な解釈は、「変化への適応」のために知識を用いるということである。私たちを取り巻く諸環境はたえず変化するものであり、それに適ったように行動する必要がある。そうしたことを可能にするのが、知識である。外部の変化の要因を知り、自分の行うべきことがらを理解し、できるだけ**合理的に行う仕方**を、知ることが知識の恩恵である（ここで合理的というのは、なるべくムダを排除し、効率的にものごとを行うということである）。その際、何を省けば良いかということが問題になる。他の条件を変えずにして、投入するコスト、労力が減るのであれば、誰も異を唱えないであろう。しかし、他の条件が変わるのであれば、どちらが良いかを決める必要がある。しかるに、常にといってもよいが、行動目的の妥当性について考え直すことになる。合理性の追求には、目的についての思考が必要なのである。ときには、ある目的の妥当性についての考慮は、他の目的における合理性の追求と、反することがある。どのような状態が望ましいのか、社会の望ましい均衡を考えることが必要となる。

合理性を高めた結果、得られるであろう余剰の配分が重要な課題となる。余剰について、お金を多く払うという選択肢もあるが、知識社会においては、余暇を用いた学習と啓発も並んで重要なのである。そのようなことがよりしやすい労働、教育、社会環境をつくれるように余剰を配分すべきと私は考える。

(1) 陳腐化への対応——生涯学習の必要

知識社会においては、すでに多くの識者が述べているように「学習」の機会と能力が与えられ、高められるべきことが強調されている。青少年期の基礎学力はいうまでもなく、成人に達してからも、生涯学習、コミュニケーション能力の向上、などが謳われている。

本論では、社会人教育のいっそうの量、機会の拡大と質の充実を訴えてきた。それとともに、「教育」や「学習」という古典的な視点にとってかわる仕方を提唱したい。

まず、生涯学習については、すでに日本ではカルチャー・センターの流行という現象がみられ、大学院の拡充、大学等への社会人の受け入れが行われている。

しかし、例えばスイスの研究所が行った調査結果によると、「大学が経済ニーズについて適合しているか」という点については、日本は残念なことに世界主要国のなかでも下位にランクされている。スイスの国際経営開発研究所（IMD）は、毎年各国の世界競争力ランキングを発表している。二〇〇二年の世界競争力ランキングで、日本は総合では調査対象四九ヵ国・地域のなかで三〇位となった。同調査で日本は九〇年代初めまでは首位だったのである。その後、後退を続けている。〇二年にトップは米国、二位フィンランド、三位ルクセンブルクとなった。日本は、研究開発費、寿命、ハイテク輸出額、コンピュータ使用台数などの項目ではトップクラスであった。しかし、「大学教育が競争経済のニーズに適合しているか」という項目については下位にランクされている。日本の教育は一般的に小中高等学校においては高い評価を得ていると思われる。初等中等教育においては、内容、レベルを画一化して行いやすい。日本が一九八〇年代に世界に冠たる製造業の競争力をみせたのは、国民に平均的に高度な人的能力があったからである。他方、日本が大学の経済ニーズへの適合において下位に位置されるのは、高等教育・研究における多様性についての見方にかかわってくるものと推測する（IMDのホームページより）。

高等教育のあり方は絶えず見直されている。それをいっそう新たな角度から見直す時期かもしれない。これまた、国民の教育の負担の軽減も重要である。大学生を持つ親にとって学費などの負担は著しい。これをある程度は政府が負担をすることが必要であろう。学生の学費負担を少しでも軽くするため大学教育のなかで、社会的な労働価値を高めるきっかけとなるような期限付きの雇用（例えば休暇期間中に専門領域に関連する会社で働くというトレーニーのような形態）を広げることも有用であろう。それは学生にとっては社会との接点を持ち、将来を設計するのにもおおいに役立つ。

また逆に大学院などにおいて社会人が学習し、スキルアップに努めることは、きわめて重要である。より高いレベルで仕事を行う可能性を高めるのである。

しかしながら、日本の生涯学習の欠点と考えられるのは、先にも指摘したが自己目的化した学習の虚無化である。古今東西を問わず、学習それ自体が目的化する可能性をはらむことは否定できない。それは、歴史をみても、訓古学のような儒教の教育は、それ自体が完結するものである。江戸時代のように社会が静的であればそれでも済んだが、いったん外圧により動的発展が始まるとそうはいかなくなる。世界史における明朝あるいは清朝にはじまる中国の停滞は、科挙を目的とした試験勉強があらゆる思想的発展を妨げるに至ったからだと言われることがある。

どのような社会において、どのような生活をしたいかという理想と欲求を掲げて、その方法を追求するということも学習の大きな意義である。日本では、これまでそうした学究は比較的少なかった。対照的な例は、デンマークの国民高等学校をあげることができる。これは農家の若者に対して、啓蒙教育と体育と農業を教える生活一体型の学習機関として発達した[Borish, 1991]。起源的には寄宿制になって若者が共同生活を通じて、よりよい人間関係を築き、社会生活を学ぶものであった。より良い生活を求めるという視点がこの国民高等学校の学習生活にはあるのだ。

学問がそれ自体閉じていて、社会との接点を持とうとせず、むしろそれが潔いとする風潮が戦後ある時期から最近まで続いた。近年は、大学の研究成果の移転や、大学教員の兼職、さらには国立大学自体の法人化も進められ、制度が大きな転換に向かっている。しかし実践として、また精神として、まだ改まる余地はある。

生涯学習を「交流と創造の場」にすることが必要である。

(2) 知識社会における富の再分配機能仮説

テクノロジスト（知識を持った労働者）が経済活動において大きな役割を占める。これが、ドラッカーの年来の主張である。これは、どのような原理なのであろうか。知識社会においては、知識を有する者が富の分配に与《あずか》れる。それは、必ず知識を持てば、富の分配を受けるというわけではない。ある種の知識に限って、この原則は作動するのである。富の分配の前提には、ある種の社会的価値なり目的がある。例えば、「健康の維持」、あるいは「病気の治癒」が社会的価値としてあげられる。病気になった者は、治るのであれば、多くのお金を病院に払う。あるいは健康保険などにより、患者の目には直接見えづらくても、お金が動いている。それを以下の仮説としてまとめよう。

仮説　「ある社会的価値を実現するために、世の中の多くのプロセスが作動する。その結果、さまざまな知識が動員され、多くの知識をもった関係者に富が分配される。」

例として、救急医療を考えてみよう。ある人が病気になり、救急車で運ばれる。次いで、病状にみあった病院に運ばれる。そして、さまざまな検診を受け、医師に診断を受け、病床に運ばれ、投薬を受ける。その過程で、救急士、携帯電話による連絡がなされる。病院においては、看護師、医者、薬剤師、X線技師、栄養士、会計係などが働くことになる。そして、病院外では分析検査会社、保険の担当者などが、この病人のために働くことになる。このような病人の救急手当ては、一定の確率で発生するものだ。交通事故などは、もっと広範な関係者を必要とする。病気や事故にあった者は、できるだけ早期に病院で手当てを受けられるということが社会の価値観として確立している。だから、必要な職業が存在

図 5-2　社会的価値と知識の関係

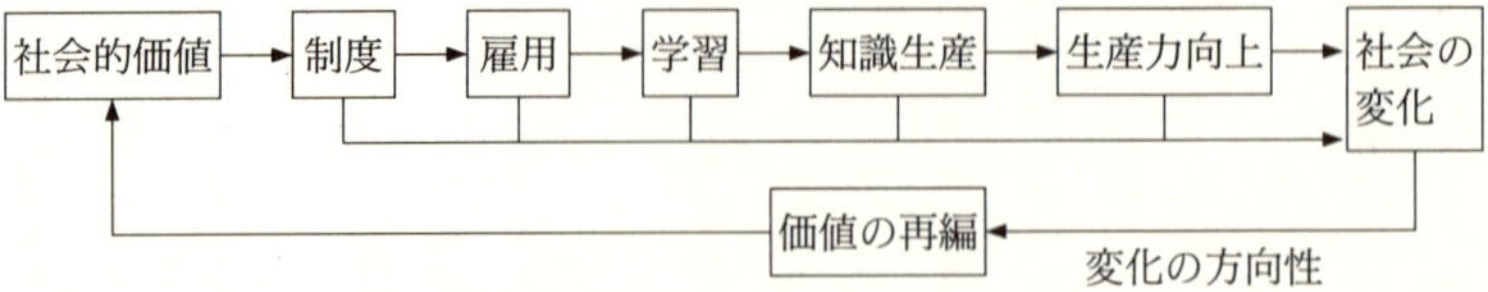

し、必要な知識が生産され、使用されるのである。

教育についても、同様なことが起きているのではないか。若者は教育を受けるべきであるという価値観がある。そして、近年、仕事をする者は絶えず新しい知識を持つべく自己研鑽することが求められる。そして、近い将来、生涯学習が普通のこととなるだろう。

したがって、ある社会目的があり、それを達成するためには、必要な知識をもったワーカーが必要に応じて働くことになる。このことは、社会目標が多くあればあるほど、そこには、可能性としてより多元化した知識が作動し、そして、多くの人が自分の才能を発揮できるような社会になることを意味している。そして知識による生産力の向上（その人の需要にあったものやサービスの廉価な提供）により、生活水準を向上させることができる。つまりは社会的に肯定される価値を発見することによって、知識が必要とされるのだ。

以上、述べたことを簡単に図示する。

もう一つ例をあげれば、ニューヨークの9・11事件の大惨事によって、米国では危機管理が非常に重視された。すると、より多くの警察、より多くの消防、より多くの国防関係者が必要とされた。危機管理を行うためのより多くの職が創設された。そして、危機管理の任務を遂行するために多くの人がかかわり、その職務を実施するため、より高度な知識を生産することにつながるのだ。

その結果として、富は知識労働者に分配される。これは知識社会の富の分配機能である。知識社会はある種の便利さや楽しさをもたらし、それを社会が必要だと認めることによって、その知識を有する人にお金が回っていく仕組みである。例えば、医師になるには、猛烈な勉強と修練が必要だ。医師となる人には品質保証が制度的になされている。そのような社会では、品質保証と履歴が重要なものとなってくる。土地の歴史、人の歴史、ブランドものなど何かの基準で品質が高いものが好まれるのである。

このようにして、知識の創造、学習は、社会のあり方に大きく関係している。その関係は、知識の発展によって社会が変化するともいえるし、その逆に社会の変化によって必要な知識が創造されるともいえる。

若い世代の学習とキャリアアップについて、英国の社会学者ギデンズは、ウルリッヒ・ベックの言葉を引用して言う。「新しい個人主義はサッチャリズムでもなければ、市場個人主義でもないし、また（全体を個人に切り刻むという意味での）原子化でもない。むしろそれは「制度化された個人主義」と名づけるのがふさわしい。たとえば、福祉国家における権利と資格の多くは、家族ではなく個人を対象としている。そうした権利や資格のほとんどが雇用の存在を前提にしている。そして雇用は、教育を前提としている。雇用も教育も、人の流動性を前提として成り立つ。こうした条件がすべて整えられて初めて、人々は自らを個人として自覚する。すなわち、個人として自らの将来を計画し、自らを個人として受け止め、そして自らを個人として改造するのである［Beck, 1998］」［ギデンズ、一九九九］。

三　知識社会へ向けて

以上、知識社会についていろいろな角度から検討してきた。今後の知識社会をより良いものとするために、具体的な方向性を指摘したい。そのなかには政策的な措置を考えるべきことがらもある。

現在の日本には知識社会を運営していくためにいくつか欠けている条件がある。それを大きなくくりでいえば、以下の三点となるであろう。①文脈の交換による価値の再編成、②休暇と生涯学習の機会の増加、③知識体系のなかに個人が位置づけられること。

1　文脈の交換による価値の再編成

第一に、日本人は概してこれまで一つの組織への貢献を志してきた。それを賞賛してきたといえる。とりわけ企業などの組織のなかでひたすらその組織への忠誠を果たしてきた。それによって自らの視点を固定してきた。知識の文脈が単線的であったといえる。今後は、組織外部の多様な文脈にも適応しなければならない。

組織も個人も、自分の専門外である他者の文脈をある程度理解して、何が正しいのかという価値を再創造する機会が必要である。より具体的な知識社会を実現させる方向性としては以下のことがらがあげられる。

①多彩な人たちの集まりを通じた知識の組み合わせ

知識の適切な組み合わせを可能にするために、多様な人たちが相互に交流する場の創造を社会に多くもつべきである。プチ専門家症候群に陥らないために、専門家、市民、当事者、政府、企業、勤労者、学生、NPO・NGO、消費者、様々な経験をもった者など多様な人々の話し合いを促進することによって、知識の適切な組み合わせを容易にする。

知識生産には多彩な仕方や考え方が必要である。例えば、

●自然な好奇心を大切にし、それに従ってものごとを追求することが可能な環境をつくること

●問題をすみやかに解決するような研究活動を行うこと

●社会における問題を発掘し、提示できるような問題定義型の研究活動を行うこと

●何かの問題が起きているときに、現場の事情を聴取し、理解の枠組みをつくれるような駆け込み寺のような研究活動を行うこと

●右に掲げたような機能を大学などの研究活動に持たせること

などがあげられる。

②大学など研究機関をより多くの人に開放し、図書館の利用時間を延長すること

多彩な知識の追求を可能にする基盤として、大学などの研究機関をよりオープンにすることは有用だと思われる。

例えば、大学の社会人による利用（上から教えるというよりは、研究資源を一般の人にもアクセス可

能なように開放する）機会を拡大する。図書館はなるべく夜も利用可能なように時間延長する。大学図書館は、公立図書館と同レベルに社会人に開放することも考えてよいのではないか。

③技術倫理、ビジネス倫理の重要性

また、プチ専門家症候群におちいらないために、専門知識を持つ個人の自覚も重要である。この点から技術倫理教育の拡充、ビジネス倫理の実践が大事といえる。

④状況による知的所有権の制限の検討

知識生産の基盤として知的所有権制度がある。しかしながら広く薄く社会全体が利益を受けるような知識の生産をするためには、知的所有権にこだわることがかえって不毛な結果を招くおそれがあることは、第四章の風力発電の例で示した。知的所有権を公共の目的に照らして場合によっては制限するという視点をもつことが検討されてよいのではないか。

2　休暇と生涯学習の機会の増加

第二に、文脈の交換による価値の再編成をするためには、個人は自らの専門性に関連する外部の状況を把握し、そのなかに身を置いて、違う文脈を理解し、体験することが必要である。これはスキルアップというより、異種交流である。それには時間も費用もかかる。生産性の向上による余剰をそうしたことに使えるように社会の仕組みを変えるべきである。

これは一つの生涯学習と位置づけることができる。このような、生涯学習を行ううえで、必要となるのは何であろうか。すぐに思い浮かぶのは、一つは、お金、一つはやる気、一つは時間であろう。お金は政策的に給付が可能である。やる気は当人の問題であるが、周囲の目や環境も大事であろう。すなわち、他の人が社会人学習に好意的であれば、そしてそのようなことが成功体験としてよく見聞きされるのであれば、進んでそうしたことをしようという人も出てくるのである。前述のような社会人学習制度が準備されるべきであろう。

日本人の勤労者にとって不足しているのは、「休暇」である。また、東京、大阪などの通勤事情の悪さを勘案すると、相当、都市部の日本人は、労働時間＋通勤時間である拘束時間が長い。最近、サービス残業の規制が話題になっている。今まで日本で闇に隠された部分であって、サービス残業をなくすことは極めて好ましい。

休暇の拡大は、教養、文化水準の向上をもたらし、人格の発展を実現するという「生活向上機能」、「社会文化機能」を発揮すると考えられる。休暇によるボランタリーな社会の実現の可能性が指摘される［ＮＩＲＡ、一九八九b］。

休暇がとれないようでは、社会人大学などは通えない。

社会人の教育には、学習に必要な時間が確保されればよいし、その時間帯に合った休みをとれればよい。逆にいえば休みにあった学習をすればよい。ただ、これは言うは易しいが、行うは難しい。いつとれるかわからないような休暇では、学習の計画も立たない。必要な予定が立てられるような休暇制度が望まれる。基本的には、学習に割ける時間を政策として増やすことが必要である。一〇年働いたら、一年学校でスキルアップをする余裕を与えるような制度も考慮に値する。学びたい人も、教えたい人もいるであろう。そのような状況においては、自分が得意とすることを教える側に回り、他人が得意とするところを学ぶ制度が望まれる。個人は学ぶと同時に教えることもすべきである。

現下の不況のなかで、労働時間を減らし、賃金を下げなければ、たちまちコスト高となり、会社の経営を圧迫する。そもそもそんなことを一人だけ言い出せば、リストラの対象になってしまう懸念はおおいにある。しかし、現実にはサービス残業が多くみられ、なかには過労死まで出る一方で、失業者の増大という事態もある。これを改善するにはワークシェアリング制度の実現性についていっそう考えるべきであろう。週四〇時間労働から、さらに労働時間の短縮を考えることはどうだろうか。

オランダ等では、ワークシェアリングを導入している。合理化による果実を、休暇の拡大という形で皆に配当することが考えられる。日本はグローバリゼーションのなかで中国に追い上げられているという状況はある。しかし、それに対抗するのにひたすら労働するだけというのでは、いつまでたっても先進国では一番労働時間が長い国のままで変わらないことになる。ドイツでは、金曜日の午後はたいがいオフである［苧谷、二〇〇二］。

単なる余暇に終わらせないで、社会学習なり、有意義な社会活動を行えることが望ましい。日本における社会は、そうした人たちによって、活況を呈するであろう。さらに、余剰時間をセカンド・ジョブとして活用することもできる。これは、従来日本企業においてはご法度とされてきた。しかし、他の仕事に就くことによって、違う仕事の仕方があるのだという比較をすることができる。それによって、自己啓発と新たな仕事の仕方を学ぶことができる。そして、将来の職の選択肢を増やすことができる。

休みを入れることによって、研鑽を積み、ひいては全体としての生産効率性を上げることが期待できる。絶え間ない変化の時代に適応するには、絶え間ない自己変革が必要である。そのようなことを実現する措置として具体的には以下のことがらを提案したい。

①休暇の拡大による学習の活発化

具体的には、労働時間短縮を行い、働いている人の社会・学習活動を活発にし、より多彩な角度からの知識の生産を促進することはどうだろうか。休暇の拡大やサバティカル・リーブ（半年から一年程度の研修休暇）がとれるような仕組みを大学以外にも普及させることはどうだろうか。ドイツではすでに週三六時間労働である。そうして余った時間を社会・学習活動に用いることを提案したい。ワークシェアリングなどでそうした時間を増やしていくということも検討されなければならない。

休暇取得（夏休みや有給休暇取得）の拡大とサバティカル・リーブの導入によって、多くの人々が仕事を違った角度から考えることができるようにすることが大切だ。

②生涯学習への投資と主体性の確保

生涯学習への投資拡充が知識社会の前提として必要である。生涯学習の機会を増やし、参加を広げることが重要である。

その際、生涯学習の方法として提案しておきたいことは単に、受身で教えてもらうだけでなく、自ら参加し、教えあう主体性が肝要ということである。体験や話し合いによる双方向、多元的、参加型の学習が広まることが望ましい。

③協働コーディネーターおよび中立的媒介者の育成

また、そのような参加型の学習においては、仲介する協働コーディネーターが重要である。われわれの社会にもっと協働コーディネーターを育成しなければいけない。そのための訓練をする機会が必要である。

第二章、第三章で述べたように意思決定システムについても、市民参加が必要と認識されるにつれ、学習の場合と同様に中立的な媒介者の必要性が高まっている。とくに科学技術に関する問題については、立場の違いによって専門家といっても意見が異なることが多い。これを解決するためには、より中立的な立場から科学技術知識を提供できる専門家を育てることも検討されなければいけない。この点でテクノロジー・アセスメントの仕方のさらなる進化が必要といえる。

3　知識体系のなかに個人が位置づけられること

第三に、社会全体の知識体系が変化するなかで、個人が自分の存在を実感するためには、知識体系のなかに自分が何らかのかかわりをもち、位置づけを与えられることが必要である。

理論に基づく知識に、個人が詳しいことがらを巧く接続することが期待される。知識生産に自らが加わることができれば、満足度が高まるだろう。第三章で詳しく論じたコンセンサス会議にみられたような専門家と市民の対話は重要である。知識生産の手続きのなかに、人々が組み込まれることが望ましい。社会を支えるための知識を、個々の人々が生み出せるシステムと手続きが望まれる。

前に掲げた二つの点について実現されることが、この第三番目の点についての前提となる。すなわち、文脈の交換による価値の再編成と休暇、生涯学習の増大がより社会で行われることを通じて、この点の重要性が明らかになっていくはずである。

ものごとの決定や理解のため、市民参加が必要であるという認識は近年、高まっている。第四章で述べた風力発電を例とするＮＩＲＡと東京大学とのワークショップでも市民参加の必要が強調された。製造物責任の問題や科学技術に起因するリスクをめぐって、リスク・コミュニケーションが近年着目されている。リスク・コミュニケーションとは、消費者や一般の人々と専門家や政府等の間のリスクに関する情報のやりとりを主とするコミュニーケションの総体を指す言葉である。リスクに対する市民の関心の高まりとコミュニケーションへの参加が重要とされている。

来年に法制化される裁判員制度も、司法への市民参加という点で画期的なものである。裁判員制度が定着すれば、日本における市民参加のありさまはだいぶ変わるだろう。

第三章三節七項の裁判員制度についての検討で述べたように、裁判員を選出する方法については、国民のなかで裁判に加ろうという関心の高まりが重要といえる。コンセンサス会議の経過を観察した限りでは、自ら、会議に応募してくる人は、当然ながら関心が高いのである。そうした人の参加によって、見知らぬ人同士の議論がよく進むというのは事実である。

裁判員制度によって、知らない人同士が裁判員として、裁判という厳粛な一種の議論に巻き込まれることになる。裁判官とともに裁判員により、判決を決めるということになれば、裁判員は責任を感じるであろうし、ものごとを決める主体的人間が持つべき緊張感に包まれるであろう。そうしたとき、世の中の知識体系のなかに自分が組み込まれているということを実感できるはずである。

裁判員、生涯学習、コンセンサス会議、リスク・コミュニケーション、地雷廃絶、新エネルギー開発、薬害防止など本書で述べてきたいろいろな場面で人々の「参加」がカギとなってきた。ますます多くの意思決定の場面における人々の参加は、啓発を進め、文脈の再編を可能とする。それによって、人々の考え方が少しずつ変わるであろう。そこに新たな知識が生まれる。

そのような活動の継続の先に、新たな知識社会の展望が得られるのである。

引用文献等

今道友信［一九九〇］『エコエティカ』講談社学術文庫。

ギデンズ、アンソニー／佐和隆光訳［一九九九］『第三の道』日本経済新聞社、七一頁。

クーリー、マイク／里深文彦監訳［一九八九］『人間復興のテクノロジー』御茶の水書房。原典 Mike Cooley, *Architect or Bee*, 1987.

後藤晃［一九九三］『日本の技術革新と産業組織』「第二章　研究開発投資の計量分析」東京大学出版会、三五〜五八頁。

佐和隆光［二〇〇二］『資本主義は何処へ行く』NTT出版、一四八〜一五三頁。

スフールマン、エフベルト／春名純人監訳［一九八四］『技術文化と技術社会』すぐ書房。原典 Egbert Schuurman, *Reflection on the Technological Society*, Wedge Publishing Foundation, 1977.

世古一穂［二〇〇一］『協働のデザイン』学芸出版社。

武谷三男［一九七五］『弁証法の諸問題』勁草書房。

苧谷秀進［二〇〇一］『ドイツの労働』日本労働研究機構。

ドーア、ロナルド／松居弘道訳［一九九〇］『学歴社会　新しい文明病』岩波書店。

ＮＩＲＡ〔一九八九ａ〕研究叢書『生命科学における科学と社会の接点を考える』。

ＮＩＲＡ〔一九八九ｂ〕研究叢書『休暇の経済・社会的役割』五頁。

ＮＩＲＡ／榛村純一共編〔二〇〇二〕『社会を変える教育・未来を創る教育』清文社。

野中郁次郎、紺野登〔一九九九〕『知識経営のすすめ　ナレッジマネジメントとその時代』ちくま新書、一〇九〜一一四頁。

米本昌平〔一九九八〕『知政学のすすめ』中央公論社。

Beck, Ulrich 'The cosmopolitan manifesto', *New Statesman*, 20 March, 1998.

Borish, Steven [1991] *The Land of the Living*, Blue Dolphin.

ＩＭＤのＨＰ：http://www02.imd.ch/documents/wcy/content/ranking.pdf

参考資料1　科学技術基本法（抜粋）

平成七年一一月一五日　法律第一三〇号

目次

第二章　科学技術基本計画

第九条　政府は、科学技術の振興に関する施策の総合的かつ計画的な推進を図るため、科学技術の振興に関する基本的な計画（以下「科学技術基本計画」という。）を策定しなければならない。

2　科学技術基本計画は、次に掲げる事項について定めるものとする。

一　研究開発（基礎研究、応用研究及び開発研究をいい、技術の開発を含む。以下同じ。）の推進に関する総合的な方針

二　研究施設及び研究設備（以下「研究施設等」という。）の整備、研究開発に係る情報化の促進その他の研究開発の推進のための環境の整備に関し、政府が総合的かつ計画的に講ずべき施策

三　その他科学技術の振興に関し必要な事項
3　政府は、科学技術基本計画を策定するに当たっては、あらかじめ、科学技術会議の議を経なければならない。
4　政府は、科学技術の進展の状況、政府が科学技術の振興に関して講じた施策の効果等を勘案して、適宜、科学技術基本計画に検討を加え、必要があると認めるときには、これを変更しなければならない。この場合においては、前項の規定を準用する。
5　政府は、第一項の規定により科学技術基本計画を策定し、又は前項の規定によりこれを変更したときは、その要旨を公表しなければならない。
6　政府は、科学技術基本計画について、その実施に要する経費に関し必要な資金の確保を図るため、毎年度、国の財政の許す範囲内で、これを予算に計上する等その円滑な実施に必要な措置を講ずるよう努めなければならない。

参考資料2　科学技術基本計画（抜粋）

二〇〇一年三月三〇日閣議決定

はじめに

二〇世紀の最後の一〇年間に世界は大きく変貌した。冷戦の終結によって、局地的な紛争はなお一部に生じてはいるが、全世界的に見ると多くの人々が平和を享受することができるようになってきた。その結果、人の流れ、物の流れのみならず、情報、資本などの国境を越えた移動が活発となり、グローバリゼーションが一層進行した。それとともに、先進諸国の間での経済競争は激化し、メガコンペティションとよばれる状態が到来した。こうした経済競争の基礎としての情報通信技術、バイオテクノロジーの進歩は目覚ましく、各国は競って科学技術の振興を重要課題として取り上げ、政府による積極的な政策展開を図ってきている。〈中略〉しかし、産業競争力の回復はまだ不十分であり、特に少子高齢化が進む中、我が国の経済成長の前途に不安も持たれている。したがって、新産業の創出につながる産業技術を強化し、強い国際競争力を回復することが重要である。〈中略〉

このような状況を踏まえ、以下、第一章においては、「知の世紀」といわれる二一世紀に、科学技術が、新たな知を生み出し、国民の生活や経済活動を持続的に発展させ、また、国際的な貢献を果たすべきものであるという視点に立って、我が国が目指すべき国の姿と理念を示し、その実現に向けて科学技術政策の基本方針を示した。第二章においては、基本方針に沿って、研究開発の重点的・戦略的な推進、科学技術システムの改革を中心に、重要政策について述べた。第三章においては、科学技術基本計画を実行するに当たっての総合科学技術会議の使命について見解を示した。

第一章　基本理念

一　科学技術を巡る諸情勢〈略〉

二　我が国が目指すべき国の姿と科学技術政策の理念

我が国が直面している諸課題を克服し今後の展望を拓いていくために、科学技術は重要な鍵を握っている。我が国は、科学技術創造立国の実現を基本とし、総合戦略及びこれに基づき策定される科学技術基本計画、これらに基づく具体的な施策を積極的に展開することにより、科学技術を振興し、直面する課題を適切に克服していく必要がある。先に述べた二〇世紀の総括と二一世紀の展望を踏まえ、我が国の科学技術政策の基本的な方向として目指すべき国の姿を、次に述べるように、「知の創造と活用により世界に貢献できる国」、「国際競争力があり持続的発展ができる国」、「安心・安全で質の高い生活のできる国」の三つとする。

（一）　知の創造と活用により世界に貢献できる国の実現に向けて――新しい知の創造――

「知の創造と活用により世界に貢献できる国」とは、科学を通じて、未知の現象の解明、新しい法則や原理の発見等、新しい知識を生み出し、その知識を活用して諸課題に対応する国である。さらに、そうした知識や知恵を世界に向けて発信し、人類共通の問題解決に資することによって、世界から信頼される国である。

こうした国を実現していくためには、我が国に科学を根付かせ、育て上げる取組みが必要である。そのため、科学的なものの見方・考え方、科学する心を大切にする社会的な風土を育むとともに、知の源泉である人材を育成し、知を国の基盤とする社会を構築していくことが必要である。

具体的には、例えば、投資に見合う多数の質の高い論文が発表され、国際的に評価の高い論文の比率が増えること、ノーベル賞に代表される国際的科学賞の受賞者を欧州主要国並に輩出すること（五〇年間にノーベル賞受賞者三〇人程度）、優れた外国人研究者が数多く集まる研究拠点が相当数できることなど、世界水準の質の高い研究成果を創出し、世界に広く発信することを目指す。

（二）　国際競争力があり持続的発展ができる国の実現に向けて――知による活力の創出――

「国際競争力があり持続的発展ができる国」とは、現下の経済社会が有する諸課題を克服し、付加価値の高い財・サービスを創出し、雇用機会を十分に確保することで、国際的な競争環境の中で我が国の経済が活力を維持し、持続的に発展を遂げ、国民の生活水準を向上させられる国である。

産業技術力は、我が国産業の国際競争力の源泉であり、国民生活を支えるあらゆる産業活動を活性化していく原動力でもある。また、産業技術は科学技術の成果を社会において活用する観点からも重要である。我が国経済の活力を維持し持続的な発展を可能とするため、技術の創造から市場展開までの各プロセスで絶え間なく技術革新が起きる環境を創成し、産業技術力の強化を図ることで、国際的な競争優位性を有する産業が育成されることが必要である。特に、研究開発に基盤を置いた新産業の創出が必要であり、このため、科学技術と産業とのインターフェースの改革が急務である。

具体的には、例えば、ＴＬＯ等の技術移転機関が質的量的に充実し、公的研究機関からの特許の移転が進み、公的研究機関発の数多くのベンチャー企業が起こるなど、公的研究機関の研究成果が数多く産業へ移転される、国際標準が数多く提案される、国際的な特許の登録件数が増加する、産業の生産性が向上するなど強い国際競争力を持つことを目指す。

（三）　安心・安全で質の高い生活のできる国の実現に向けて――知による豊かな社会の創生――

「安心・安全で質の高い生活のできる国」とは、本格的に到来する高齢社会において国民が健康に生活できるよう疾病の治療・予防能力を飛躍的に向上させること、自然及び人為的な災害やそれによる被害を最小限にとどめること、人間活動の基盤をなす食料やエネルギーの安定供給を図ること、地球環境と調和した産業活動や経済的発展を実現すること、さらに、世界の中で安定した国際関係を維持するとともに、人々が安心して心豊かに、質の高い生活を営むことのできる国である。

こうした課題を根本的に解決するためには、科学技術の発展とその社会への適切な活用が重要である。すなわち、疾病や災害の発生や影響拡大の仕組みなどを解明し対策を立てていくことが必要であり、科学技術はこのための手段を提供する。同時に、科学技術には負の側面もあり、それへの対応も適切に行うことを忘れてはならない。また、科学技術の先進国として我が国が、発展途上国など国際社会が直面する多くの難問を解決するとともに、国際的地位と国の安全を維持するため、科学技術を活用する努力を行うことも当然である。

具体的には、例えば、様々な疾患遺伝子の解明とそれに基づくオーダーメイド医療を可能とする科学的・技術的基盤が形成されること、地震、台風等の自然災害の被害が最小限に抑えられること、バイオテクノロジー等の活用により良質な食料の安定的な供給が確保されること、科学技術の持つリスクが軽減されることなどを可能とすることを目指す。これらによって、発展途上国における感染症、災害対策にも貢献することが期待される。〈中略〉

三　科学技術政策の総合性と戦略性〈略〉

四　科学技術と社会の新しい関係の構築

我が国が目指すべき国の姿の実現に向けて科学技術の振興を図っていくに当たり、特に、社会との関係を考えて政策を展開していく必要がある。科学技術は社会に受容されてこそ意義を持つものであり、社会が科学技術をどのように捉え、判断し、受容していくかが重要な鍵となる。自然科学や技術の関係者はもとより、人文・社会科学の関係者にも、この点に関する十分な認識と努力が求められる。

（一）　科学技術と社会のコミュニケーション

「社会のための、社会の中の科学技術」という観点の下、科学技術と社会との間の双方向のコミュニケーションのための条件を整えることが不可欠である。

まず、科学技術の現状と将来に対する正しい情報が提供されなければならない。その前提として、科学技術に関する学校教育・社会教育の充実により、社会の側における情報の受容と理解の下地が十分作られることが必要である。その上で、科学技術の側から、高度化・複雑化する科学技術に関する情報が、日常的に、しかも分かりやすい形で提供されなければならない。

情報の提供については、科学技術の専門家が責任を負うことはいうまでもないが、専門的情報は、一般人の理解を越える場合も多いので、その解説者の存在が重要になる。研究者や技術者自らが、あるいは専門の解説者やジャーナリストが、最先端の科学技術の意義や内容を分かりやすい形で社会に伝え、知識や考え方の普及を行うことを責務とすべきである。また、社会から科学技術の側に意見や要望が的確に伝えられる機会や媒介機能を拡大するとともに、科学技術関係者がそれらをくみ取り真摯に対応することが必要である。

人文・社会科学の専門家は、科学技術に関心をもち、科学技術と社会の関係について研究を行い発言するとともに、社会の側にある意見や要望を科学技術の側に的確に伝えるという双方向のコミュニケーションにおいて重要な役割を担わねばならない。我が国の人文・社会科学は、これまで科学技術と社会の関係の課題に取り組む点で十分とはいえなかった。今後は、「社会のための科学技術、社会の中の科学技術」という観点に立った人文・社会科学的研究を推進し、その成果を踏まえた媒介的活動が活発に行われるべきである。

こうして、社会においても、科学技術のみならず社会を巡る様々な課題について、科学的・合理的・主体的な判断を行い得る基盤の形成を促す。

（二）　産業を通じた科学技術の成果の社会への還元

科学技術と社会との関係を考える際、もう一つ重要な点は、科学技術の成果を利用可能な形で社会へ還元することである。研究開発の成果の多くは、産業技術として活用されることにより現実に利用可能な財・サービスを生み出し、国民生活・経済社会に還元される。論文発表等による知の創造と蓄積・発信に加え、知を産業技術にまで結びつけ、その活用により社会に直接の利便をもたらすことができ、社会は科学技術の恩恵を享受することができる。こうした視点を重視して、優れた成果を生み出す研究開発の仕組みの追求、一層の産学官連携の強化等を通じ、産業技術力の強化を図ることが必要である。

五　第一期科学技術基本計画の成果と課題〈略〉

六　科学技術振興のための基本的考え方〈略〉

第二章　重要政策

Ⅰ　科学技術の戦略的重点化〈中略〉

Ⅱ　優れた成果の創出・活用のための科学技術システム改革

一　研究開発システムの改革〈略〉

二　産業技術力の強化と産学官連携の仕組みの改革〈略〉

三　地域における科学技術振興のための環境整備〈略〉

四　優れた科学技術関係人材の養成とそのための科学技術に関する教育の改革〈略〉

五　科学技術活動についての社会とのかかわりのチャンネルの構築

科学技術は、その意義や日常生活とのかかわりが国民により十分に理解されてこそ、長期的に発展し活用されていくものであり、科学技術の振興には国民の支持が欠かせない。科学技術は社会と共に歩むことが基本であり、科学技術に携わる者はこのことを心すべきである。

他方、国民が科学技術について深く理解し、社会を巡る様々な課題について、科学的・合理的・主体的な判断を行えるような環境の整備が必要である。

（一）　科学技術に関する学習の振興

科学技術に関する学習の振興により、国民の科学技術に対する興味・関心を育てるとともに、国民が深く科学技術を理解できるようにするため、更には優れた科学技術関係人材を養成するため、それらの基礎となる幅広い素養を培う。

初等中等教育においては、子ども自らが知的好奇心や探求心を持って、科学技術に親しみ、目的意識を持ちながら観察、実験、体験学習を行うことにより、科学的に調べる能力、科学的なものの見方や考え方、科学技術の基本原理を体得できるようにする。このため、一層きめ細かな指導を充実するとともに、教員研修の充実、産業現場等におけるインターンシップや社会人講師の活用の促進、学校教育の情報化の推進、施設・設備の充実を図る。

大学においては、自然科学系の分野を専門としない学生にも、科学技術に関する基礎知識とともにそれに基づく広い視野からの判断力を養えるよう、教育内容の充実を図る。

幼児期から高齢者までの社会教育においても、高等教育機関や博物館・科学館等を活用して、科学技術の基本原理や新たな動向などについて興味深く学習できる機会の拡充とその内容・指導の充実を促す。

（二）社会とのチャンネルの構築

科学技術の振興に当たっては、国民の理解増進に努める必要がある。このため、研究機関の公開や博物館・科学館等の機能の発揮を図るとともに、メディア等を通じて科学技術をわかりやすく伝える機会を拡充する。さらに、地域において、科学技術に関する事柄をわかりやすく解説するとともに、地域住民の科学技術に関する意見を科学技術に携わる者に伝達する役割を担う人材の養成・確保を促進する。

さらに、研究者が、社会とのかかわりについて常に高い関心を持ちながら研究開発活動に取り組むとともに、社会的な課題への対応策について、科学技術に関する知識を基盤として積極的に提言できるよう、研修等を通じて、研究者自身の意識改革を図る必要がある。

六　科学技術に関する倫理と社会的責任

科学技術の進歩が、人間や社会に大きな影響を及ぼす場合が多くなっている。このため、生命倫理に代表されるように、科学技術の発展がもたらす倫理的問題が重要となっている。また、研究者や技術者など科学技術に関わる人々や組織の倫理や社会的責任が問われるに至っている。こうした視点から、二一世紀には、以下のように、科学技術と社会との新しい関係の構築が不可欠である。

（一）生命倫理等

最近の生命科学の発展は、病気の診断、予防、治療を著しく向上させ、人々及び社会に大きく貢献している。他方、体外受精、脳死による臓器移植、遺伝子診断及び治療、さらには、最近のヒトに関するクローン技術、ヒト胚性幹細胞等、人間の尊厳に深く関わる科学技術が登場し、生命倫理上の大きな問題となっている。このうち、ヒトに関するクローン技術による個体産生については、国際的にも容認できないとする意見が多く、我が国では、昨年一一月に「ヒトに関するクローン技術等の規制に関する法律」が成立し、罰則を伴う禁止措置がなされた。

現代医療を例にとれば、医師、研究者に人間の尊厳を守るための強い倫理観が求められることは当然であるが、医療の受益者である患者の人権が尊重されねばならず自己決定のためインフォームド・コンセントの重要性が認められている。また、個人のプライバシーの保護も大きな課題である。さらに、臨床試験や臓器移植・再生医療のように一般の人々にとっても重大な関心をもつものが拡大しており、生命倫理は国民全体の問題として議論されなければならない。

今後、生命科学、情報技術など科学技術が一層発展し、社会と個人に大きな影響を及ぼすことが予想されるので、社会的コンセンサスの形成に努めることや倫理面でのルール作りを行うことが不可欠である。加えて、社会がグローバル化していることを踏まえ、国際的な協調も重要である。こうした科学技術の取組みに当たっては、情報公開の推進により透明性を確保しつつ、倫理等に関し有識者が検討する場や国民の意見を聴取する場を設けることにより、慎重にその方向付けを行う。

（二）　研究者・技術者の倫理

科学技術は、その使い道を誤ると人間や社会に重大な影響を及ぼす可能性を秘めている。最近、研究開発の現場やものづくりの現場等で事故・トラブルの発生が見られるが、研究者・技術者においては自らの携わる科学技術活動の社会全体での位置付けと自らの社会や公益に対する責任を強く認識し、科学技術の利用、研究開発活動の管理を適切に行う意識の醸成が重要である。

研究活動については、従来主として研究コミュニティの内部で一定のルールが求められてきた。しかし、研究活動の範囲が拡がり多様化するとともに、社会との関連が様々な形で問題となってきているので、研究者は、利益相反の問題、研究結果の取扱い、研究費の取扱いなどの研究に当たっての倫理観の高揚に努めることが重要である。また、研究に関する情報を積極的に社会に発信し、研究成果等の効果の社会への影響についても発言していく必要がある。

これらを踏まえ、研究者・技術者自身が高い職業倫理を持てるよう、学協会等に研究者・技術者が守るべき倫理に関するガイドラインの策定を求めるとともに、技術者の資格認定に当たり倫理の視点を盛り込むことを求める。また、高等教育における教育内容の充実とともに、学協会等の関係団体、関係機関が主催する研修等の活動を充実する。

(三)　説明責任とリスク管理

研究機関・研究者は研究内容や成果を社会に対して説明することを基本的責務と位置付け、研究機関の一般公開、公開講座、インターネットや学協会等を通じての情報の受発信等の機会を増やし、国民と研究者等との双方向のコミュニケーションの充実を図る。このため、研究者等に対し、研修の機会を設け、一般の人々への説明能力を向上するようにする。これにより、国民と研究者等の相互理解を促進し、国民は科学技術に関する理解を深めるとともに、研究機関・研究者が国民の声を反映しながら自らの研究開発活動の方向性を検討するようにする。

また、科学技術に関わる組織は、事故やトラブルなど科学技術活動に伴うリスクについて、その影響を評価し、リスクを最小化するよう適切な管理を行うとともに、組織における研究者・技術者の倫理の涵養に努める。

七　科学技術振興のための基盤の整備〈略〉

III　科学技術活動の国際化の推進〈略〉

第三章　科学技術基本計画を実行するに当たっての総合科学技術会議の使命〈略〉

参考資料3　過去の薬害などの事例［NIRA、一九九九］

一　サリドマイド

サリドマイドは、一九五四年、グリューネンタール社が開発した。

日本では、一九五七年九月九日、厚生省の新医薬品調査会がイソミン（サリドマイド）を審査し、一九五七年一〇月一二日に厚生省がイソミンの製造許可を与え、一九五八年一月二〇日から、大日本製薬はイソミンの販売を開始した。

一九六〇年五月三一日にサリドマイド系胃腸薬プロバンMは製造許可され、一九六〇年八月二二日には、大日本製薬はプロバンMを販売開始した。一九六〇年九月、FDAは米国メレル社から提出されたサリドマイド剤ケバドンの販売許可申請を見送った。

一九六一年一一月一五日、西ドイツのレンツ博士がグリューネンタール社へサリドマイド剤コンテルガンが奇形の原因と警告したが、グリューネンタール社はこの警告を拒否した。その年一一月一八日、レンツ博士がデュッセルドルフの小児科医師会会議で四肢奇形の外因について報告。妊娠初期にある物質を服用しているると発表した。一九六一年一一月二六日、西ドイツの「ヴェルト・アム・ゾンターク」紙が、コンテルガンの名とともにレンツ警告を報道し、一一月二七〜二八日にはグリューネンタール社がコンテルガンの販売停止・回収を行い、広告を全面停止した。英国、デンマーク、ポルトガル、アイルランド等のヨーロッパ諸国では、一九六一年一一月、西ドイツの回収措置を受けて、サリドマイド剤の製造、販売を中止し、製品の回収を行った。

一九六一年一二月五日、グリューネンタール社が大日本製薬に対して勧告した。一九六一年一二月六日、大日本製薬が厚生省と協議し、一二月一八日に、大日本製薬が国立衛生試験所担当官とサリドマイドの動物試験について協議した。日本では一九六二年一月一二日、大日本製薬が実情調査のために社員を西ドイツに派遣したが、その結果は厚生省に対し「レンツ警告には科学的根拠はない」と報告された。このような状態で、一九六二年二月二一日、厚生省は亜細亜製薬のサリドマイド剤「ハングル」の製造を許可した。

一九六二年三月二九日、グリューネンタール社が大日本製薬に対して再度勧告し、四月二五日には、グリューネンタール社が大日本製薬に対して三度目の最後勧告を行った。一九六二年五月一七日、大日本製薬がイソミンとプロバンMの出荷停止を厚生省に申し入れ、新聞紙上に広告した。

一九六二年五月二四日、サリドマイド剤メーカー五社が、出荷停止を厚生省に申し入れた。しかし一方、五月二九日に発せられた厚生省製薬課長通知「サリドマイド剤について」では「まだ科学的根拠がなく、国内での報告もない」と記載されていた。

一九六二年七月二一日、ランセット誌に、梶井正医師が七例のフォコメリアの症例中五例が妊娠中にサリドマイドを服用していたと報告した。八月二六日には、梶井正医師が北海道小児科地方会でサリドマイド症例を報告し、八月二八日に、読売新聞が梶井正医師の学会報告内容を掲載した。同年九月一三日、大日本製薬を含む製薬会社五社はサリドマイド剤の回収に踏み切った。九月一四日には、厚生省はサリドマイドの被害調査を東京大学森山教授に依頼した。一九六二年一〇月、西ドイツの特別委員会はコンテルガンと奇形の関係は一〇〇%と断定した。

一九六七年九月一三日、厚生省は、「医薬品の製造、承認等に関する基本方針の取扱について」と題する薬務局長通知を各都道府県知事に発出、新開発医薬品について承認後二年間の副作用報告を要求することとした。

二　スモン

スモン薬害の原因となったキノホルムは、一八九九年、バーゼル化学工業が本薬剤を外用防腐消毒剤として開発し、一九〇〇年に販売を開始した。

日本では、一九二九年、十分な治療実験がなされずに、キノホルムの内用が開始された。一九三〇年には、米国、カリフォルニア大でアメーバ赤痢の治療薬としての使用法が発見され、一九三二年、第五改正日本薬局方に適応症としてアメーバ赤痢のみが記載された。

一九三四年、チバ社からキノホルム内服薬「エンテロビオホルム」が日本へ輸入開始された。しかし、一九三五年、アルゼンチンで、バロス博士がキノホルムの神経障害を警告し、チバ社もその事実を知っていたが、明らかになったのは一九七六年であった。

一九三六年、キノホルムが劇薬に指定されたが、一九三九年、キノホルムの国産が開始されると共に、第五改正日本薬局方増補に収載、同年には劇薬指定も解除された。一九四九年、第五改正日本薬局方解説に、キノホルムがアメーバ赤痢以外にも腸内異常発酵防止剤として記載された。一九五三年、武田・チバ両社が提携してエンテロビオホルムの製造を申請し、一九五四年に製造を開始し、一九五六年から大量生産が行われた。

一九五五年頃から、和歌山県、三重県などで原因不明の神経症状患者が発生し、一九五八年に、第六三回精神神経学会で原因不明の病気の最初の学会報告がなされた。一九五九年、全国各地で原因不明の神経症状患者が急増した。一方、米国ＦＤＡは一九六〇年に、「キノホルムは非アメーバ性の下痢の治療に対して経験的に用いるべきでない」とのデービット警告に基づいてチバ社に一般使用禁止を勧告し、一九六一年、アメリカではアメーバ赤痢にだけ使用を限定する要指示薬となった。しかし、同じ一九六一年、厚生省は、十分な再評価をなさずに、配置販売品目の「整腸剤」にキノホルムを指定した。

わが国では、一九六三年に、伝染病学会で、原因不明の神経症状患者が発生し、伝染の恐れがあると発表され、一九六四年、第六一回日本内科学会シンポジウムでも伝染性疾患の疑いが濃厚と発表された。この疾患は本学会で椿忠雄助教授（当時）により「スモン」と命名された。一九六四年、厚生省は「腹部症状を伴う脳脊髄炎症の疫学的及び病原的研究班」（前川研究班）を発足させたが、原因も治療法も明らかにならないまま一九六七年に研究班は解散した。

一九六六年になって、患者数は急増し、厚生省は、一九六九年、国立予防衛生研究所の甲野礼作部長を会長として、「スモン調査研究協議会」を発足させた。当時は原因としてウイルス説が有力であった。一九七〇年六月三〇日、協議会分析班の東京大学田村善蔵教授が患者尿中からキノホルムを同定した。一九七〇年八月六日には、協議会メンバー、椿忠雄新潟大学教授が「キノホルムがスモン発症の原因となっている可能性がある」と厚生省に報告した。

厚生省は、一九七〇年九月四日にキノホルムの取扱いについて中央薬事審議会に諮問した。

九月七日には、中央薬事審議会が「スモン発生に対してキノホルムが何らかの原因になっている可能性を否定できない」と答申した。九月八日には、厚生省薬務局長通知として「キノホルム及びキノホルムを含有する医薬品の取扱いについて」を発し、キノホルム剤の販売一時中止、使用見合せの行政処置を取った。

一九七一年、スモン調査研究協議会において、キノホルムの使用・販売中止以降、スモン患者が激減したことが報告され、翌一九七二年に、同協議会は「スモンの発生原因をキノホルムによる」と結論づけた。

一九七二年、チバガイギーは、米国でのキノホルムの販売を中止した。しかし同社が世界的にキノホルムの販売を中止したのは一九八二年であった。

三　クロロキン

クロロキンはドイツ、バイエル社が一九三四年に合成したが、毒性が強いため実用化されなかった。

一九四六年八月一五日、米国ＦＤＡはスターリング社のクロロキン新薬申請に対し、副作用である視覚障害を軽視すべきでないとして、適応をマラリアに限定、要指示薬として承認した。一九四八年には、既に米国でクロロキン製剤により網膜の重い障害が出ることが確認され、公表されていた。一九五二年には、ＦＤＡはスターリング社のクロロキン大衆薬申請を、安全性・有効性に関するデータ不足として却下した。

一九五五年三月一五日、厚生省はクロロキン製剤を抗マラリア剤として「国民医薬品集」に収載し、同年六月には、吉富製薬のクロロキン製剤「レゾヒン」の輸入販売申請を承認、一九五八年一一月には、吉富製薬にクロロキン剤「エレストール」の製造許可を与えている。

一九五八年、イギリスのホッブスらがマラリア、動脈炎等の治療に用いられているクロロキンの眼毒性について報告した。しかし同年八月、厚生省は「レゾヒン」の適用症にマラリア、急性・慢性エリテマトーデス、慢性関節リュウマチ、腎炎を追加した。

一九五九年五月二二日、ＦＤＡはスターリング社からクロロキン角膜症の論文を受領、薬効書の改訂を勧告した。一九五九年一〇月には、イギリス、ホッブスらがランセット誌に眼障害をクロロキン網膜症と名付けて、薬の副作用であると発表した。

一九六〇年一月、吉富製薬は「エレストール」の製造、販売を開始した。一九六〇年五月一八日、ＦＤＡはスターリング社に、眼障害を記載した文書を説明書に挿入する事を要求した。一九六〇年一一月、厚生省は吉富製薬の「溶腸性レゾヒン錠」を承認した。

一九六〇年、国際的薬理書ＳＥＤ（Side Effects of Drugs）にクロロキン剤投与により網膜症を発症することが記載された。

一九六〇年一二月一六日、厚生省は小野薬品のクロロキン剤「キドラ」の製造を承認した。一九六一年には国民皆保険制度が発足し、クロロキン製剤は「健康保険使用医薬品」に指定された。さらに、一九六一年二月六日には、住友化学工業およびその子会社稲畑産業に対し「燐酸クロロキン錠」の製造承認をし、一九六一年四月一日、第七改正日本薬局方に抗マラリア剤として収載した。

一九六一年四月、厚生省は吉富製薬に「レゾヒン」の適応症として、てんかんを追加した。

一方、同年、New & Nonofficial Drugs, Physicians Desk Reference にクロロキン投与による網膜症発生が記載されている。一九六一年、第七改正日本薬局方註解書にクロロキンによる眼障害が記載されたが、一九六一年一一月六日には、厚生省はキドラ錠の妊娠腎、リュウマチ性関節炎への適応拡大を承認し、一二月には、レゾヒンの適応症に気管支喘息を追加している。

一九六二年二月、米国スターリング社は全米の医師に対してクロロキンの「毒作用報告書」を発送し、注意を喚起している。一九六二年三月三一日、厚生省は科研薬化工の申請した「CQC錠」を承認した。一九六二年八月八日、FDAはスターリング社にクロロキン製剤の副作用情報と過去一年間に覚知した眼障害の報告書を提出させた。一九六二年九月二三日、第四一一回東京眼科集談会で、慶応大学中野医師によってレゾヒンによるクロロキン網膜症の事例が国内初報告された。このような状態で一九六二年一二月一三日、厚生省は科研薬化工の「CQC錠」を、関節ロイマチスへ適応拡大を許可し、一九六三年六月一九日には科研薬化工の「CQC錠」を、エリテマトーデス、日光性皮膚炎、紅斑、アトピー性炎症性皮膚炎へ適応拡大許可し、一九六三年一二月一三日にはキドラ錠の気管支喘息などへの適応症拡大申請を承認し、一九六四年には、小野薬品に、クロロキン製剤の適応症にリュウマチ性関節炎、気管支喘息、エリテマトーデス、てんかんへの適応症拡大を許可し、一九六四年一一月一三日には、厚生省はキドラ錠のてんかんへの適応症拡大を承認した。

一九六五年四月に至って、医薬品安全性委員会の福地委員長がクロロキン製剤によって網膜障害が発現することを厚生省豊田製薬課長に報告した。同年五月一八日、厚生省の豊田製薬課長が第一二回「医薬品安全性委員会」で製薬会社側にクロロキン網膜症が発現する問題について警告し、資料提出を求めた。

一九六七年三月一七日、厚生省はクロロキン製剤は眼障害の副作用があるため、劇薬指定し、要指示医薬品に指定した。

一九六九年五月、クロロキン製剤の各メーカーが、合同で効能書改訂案を厚生省に提出し、同年一二月二三日、厚生省薬務局長通知でクロロキンの長期連続投与を差し控えるなどの使用上の注意事項をメーカーが記載するように行政指導した。一九七〇年、クロロキン製剤の効能書に、製薬各社が副作用として網膜症を記載するようになった。このように網膜症などの副作用が分かっていたが、一九七一年四月一日の第八改正日本薬局方には、従来どおりクロロキンが記載されていた。

一九七二年一〇月、厚生省が公式にクロロキンの効果判定のやり直しを決定し、製薬会社一六社の連名で、「クロロキン含有製剤についてのご連絡」の警告書を医師に配付した。

一九七四年、製薬会社各社はクロロキンの製造を中止したが、回収はしなかった。一九七六年四月一〇日、第九改正日本薬局方からクロロキンが削除された。一九七六年七月、厚生省はクロロキン再評価の結果、腎炎、てんかん、喘息等には有効性なしと判定して、発表した。

四　ソリブジン

一九七九年、ヤマサ醤油によって合成されたソリブジンは、一九八五年、ヤマサ醤油と日本商事とによる共同開発の形で医薬品としての研究が開始された。

一九八六年、Cancer Research誌に、ベルギーでの動物実験で、ソリブジン類似薬ＢＶＤＵとＦＵ系抗癌剤の併用による副作用の論文が発表された。

ソリブジンの初期第二相臨床試験（一九八七年六月〜一二月）中に、京都府立医大の乳癌患者が播種性血管内凝固症状で死亡したが、翌八八年二月に開催された治験組織による検討の結果、死亡例を副作用として扱わず、念のため詳しく記載して残すことと判断された。

さらに、一九八八年四月〜一一月に実施された用量設定試験において、二件の死亡例が発生した。しかし治験組織はこれらについても副作用とはしないことを決定した。このうち、東北大症例については、治験担当医師が「相互作用があるか動物実験で血液について調べる必要あり」と日本商事に示唆したが、日本商事はその指摘を治験総括医に伝えなかった。

一九八八年一一月までに、日本商事は、前記Cancer Research誌の論文を入手した。

一九八八年一二月六日、ヤマサ醤油と提携契約中の米国Ｌ社からソリブジンがＦＵ系抗癌剤ＵＦＴの副作用に与える影響について問い合わせがあった。

一九八九年一〜七月、日本商事は医薬研究所で抗癌剤との併用毒性に関する動物試験を三回にわたって実施、その第一回目の試験結果が出た一九八九年四月には、ソリブジンが抗癌剤テガフールの毒性を顕著に昂進することが認められた。このため同四月、日本商事は治験総括担当医にベルギー論文、動物実験結果を持参して相談、治験総括担当医は全治験担当医にソリブジンとＦＵ系抗癌剤の併用を避ける要請文書を配付する指示をした。

一九八九年七月、動物実験の結果、ＦＵ系抗癌剤の毒性状態がソリブジンの併用によって現れることが確認された。しかし日本商事は、その結果を治験医には伝達しなかった。

一九九〇年二月二八日、ヤマサ醤油は「ブロバビル」（原体）、日本商事は「ユースビル錠」（製剤）の共同開発による製造承認を申請し、一九九三年七月二日に厚生大臣による製造承認が与えられた。これにより、同年九月三日、ソリブジンの市販を開始した。

発売開始から二週間後の九月一九日、横浜市でソリブジンとFU系抗癌剤の併用で死亡例が発生した。この死亡例に関する情報が九月二〇日、販売元のエーザイ横浜支店からエーザイ本社を通して日本商事へ報告され、報告医師に対する調査を行った日本商事は、九月二二日、社内会議で厚生省への報告と、使用上の注意の改訂を決定した。

同年九月二七日、日本商事は厚生省へ報告し、自主的に「お知らせ文書」の配付予定を伝えた。厚生省では報告に基づき緊急調査と報告を指示した。

一九九三年一〇月六日、日本商事は第二、第三の死亡例を厚生省に口頭報告した。

一九九三年一〇月八日、中央薬事審議会副作用調査会が開催され、ソリブジンとFU系抗癌剤との併用について副作用との因果関係が推定された。同日、日本商事は「お知らせ文書」を作成したが、同日に厚生省より「緊急安全性情報」の至急配付を命じられたため内容不足として配付しなかった。

一九九三年一〇月一二日、厚生省はソリブジンの副作用患者七名（内死亡三名）の情報を公開し、日本商事は出荷を停止した。一九九三年一〇月一四日、厚生省はソリブジンの副作用による死亡者は一四名と発表した。一〇月一八日、日本商事は緊急安全性情報の配付を開始した。

一九九三年一一月一九日、日本商事は約一万ヶ所の医療機関に納入していたソリブジン約五一万八千錠の回収を発表し、一一月三〇日に回収を完了した。

五　薬害エイズ

一九八二年七月、米国ＣＤＣの発行する「MMWR (Morbidity and Mortality Weekly Report)」で、三人の血友病患者のエイズ発症が報告された。更に同年一二月、ＣＤＣ「ＭＭＷＲ」は、輸血を受けた幼児（血友病患者）のエイズ発症を報告した。

日本では、一九八三年二月に血友病患者の家庭内自己注射法に保険が適用されることとなった。

一九八三年三月、米国ＰＨＳはエイズ防止に関する最初の公式勧告を発表、その中でエイズのリスクが高いグループに属する者は血漿や血液製剤用の供血をすべきではないことなど、血漿および血液製剤に関する対策の必要性が示唆された。これを受けたＦＤＡは、エイズのハイリスク・ドナーに対するスクリーニング策を指示した。同月、ＦＤＡはバクスター社（現）の加熱製剤を承認したが、なお、非加熱製剤の使用は継続された。

同年五月には、バクスター社が汚染血液製剤の回収を開始した。六月には、日本バクスター社（現）が厚生省に、汚染された血液製剤の自主回収を報告した。

一九八三年六月、厚生省は「エイズの実態把握に関する研究班」を発足させた。一九八三年七月、血友病患者が帝京大にてカンジダ症で死亡したが、第二回エイズ研究班では、帝京大症例をエイズと認定しなかった。一九八三年七月、厚生省は輸入血液製剤および原料血漿に証明書添付を指示し、八月には、厚生省がＣＤＣのスピラ博士と会合し、「アメリカの基準では、帝京大症例はエイズ」と判断するとの見解を得た。

一九八三年九月、全国へモフィリア友の会が厚生省に加熱製剤の早期使用実現を要望した。一九八三年一一月には、厚生省が加熱製剤審査方針説明会を開催した。

米国では、一九八三年一二月、ＦＤＡのＢＰＡＣ（Blood Products Advisory Committee）会議でエイ

ズの代替スクリーニング検査（B型肝炎コア抗体検査）の実施が検討された（推奨には至らず）。

日本では、一九八四年三月、第五回エイズ研究班は「非加熱製剤の継続使用」を主たる内容として最終報告し、解散した。一方、同年四〜五月にかけて仏・米で相次いでエイズウイルスが同定された。

一九八四年九月、帝京大血友病患者四八人分の検査用血液が米国立がん研究所での検査の結果、うち二三人のＨＩＶ感染が確認された。

一九八四年一〇月、ＣＤＣ「ＭＭＷＲ」で、加熱処理によるＨＩＶ不活性化の確認が発表された。

一九八四年一一月、栗村敬教授（当時鳥取大）は厚生省に「血友病患者二二人中四人が抗体反応・陽性」と報告した。

一九八四年一二月、米国ではＨＩＶ抗体検査法の許可申請が出された。

一九八五年三月、第四回「エイズ調査検討委員会」が、アメリカ在住の同性愛者を日本人初のエイズ患者と認定した。

米国では、一九八五年六月に非加熱製剤が製造中止された。

一九八五年七月、日本国内においても加熱製剤（第八因子）が承認されたが、非加熱製剤の回収は指示なく、かえって販売量が増加し、更に適応拡大をした。同月、輸入原料血漿にＨＩＶ抗体検査が義務づけられ、
一九八六年一月にはＨＩＶ抗体検査セットが承認された。

一九八六年八月、製薬会社は、非加熱製剤の回収終了を報告したが、その後約二年間、非加熱製剤が使用され続けられ、第四ルートの薬害も発生させた。

一九八九年、ＦＤＡでは非加熱製剤の回収命令が出されたが、日本では、回収命令は発動されなかった。

緊急に対策を講じて、病気を鎮静させた例としてポリオがある。

六　急性灰白髄炎（ポリオ）への対策

一九六〇年、北海道を中心に戦後最大の五、六〇六名もの患者が発生した。

同年、ワシントンでWHO国際生ワクチン会議がもたれ、「ポリオ撲滅には短期間に全住民もしくはかかり易い年齢層全部に生ワクチンによる集団免疫を行うことである」とされ、米国では生ワクチンの製造が許可された。一方国内でも、同じ年に長岡市で生ワクチンの小規模試験がなされ、厚生省も「弱毒生ポリオウイルス研究協議会」を発足させた。翌一九六一年、九州地方でポリオが異常に増加した。二年続きのポリオの大流行で一般大衆の不安が高まり、大衆運動に高まった。

一九六一年五月、厚生省内でポリオ流行に対する対策が検討された。しかしこの際、厚生省公衆衛生局の緊急輸入の意見と薬務局の正規の薬事審議会の検定を経た後の使用との意見対立が生じた。

一九六一年六月一二日、厚生省生ワクチン研究協議会は英国から寄贈の生ワクチン三五万人分を「研究用」として使い方を決定した。六月一三日にはソ連から検定用生ワクチンが到着した。六月一四日、厚生省は公衆衛生局、薬務局の緊急幹部会議を開いて対応を協議、六月二一日には「経口生ポリオワクチン」の緊急輸入を発表、厚生大臣談話を発表した。

一九六一年七月、生ワクチンシロップ剤三〇〇万人分、ボンボン剤一、〇〇〇万人分がカナダ、ソ連から緊急輸入され、七月二〇日から緊急投与が開始された。その結果、一九六二年からは患者発生数は激減し、流行の急速な鎮静をみた。一九六四年、予防接種法により、不活性ポリオワクチンに加え、経口ポリオワクチンを用いることとされた。

おわりに

本書執筆にあたっては、総合研究開発機構（NIRA）内外のまことに多くの方々からたいへんなご支援をいただいた。本書はその賜物である。

今回の出版のそもそもの出発は、過去のNIRAの膨大な研究成果の掘り起こしと再編を行い、文明論を展開しようという企画であった。飯笹佐代子氏の発案に、乗せてもらう形で、情報・知識と文明というテーマで考えることになった。飯笹氏の着想に敬意を表する。

NIRAは、言うまでもなく、科学技術、政治、経済、社会、文化などあらゆるジャンルにおいて、現代的問題を研究するわが国きってのシンクタンクである。NIRAは、今回、事例として使わせていただいた薬害防止システム、生命誌館の提唱、地雷廃絶キャンペーン活動の分析など実に豊富な研究を行っていた。本書は、そうした過去の研究の資料を使わせていただくことができ、実に強力な後ろ盾とすることができた。本書には書誌名を登場させはしなかったものでも、実に示唆に富む研究報告書が数多い。参考にさせていただくところが大であった。先輩方に深くこの場を借りてお礼申し上げる。

また、NIRAにおいては今回、風力発電を例に、技術開発に関する政策形成についての研究を行った。そこで得た知見は、まさに本書のタイトル、『知識社会のゆくえ』を予感させてくれるものであった。本書の中核となる思想と実例は、この風力発電の事例研究にあった。風力を例とした政策形成過程の研究会において指導していただいた東京大学大学院人文社会系社会学研究科の松本三和夫教授、慶応大学法学部の大山耕輔教授、㈶電力中央研究所経済社会研究所の鈴木達治郎上席研究員の先生方にはたいへん多くの教えをいただいたことを記したい。またリサーチ・アシスタント（当時）として活躍していただいた西出拓生氏、同じく大井直樹氏にも感謝申し上げる。

二〇〇二年度にＮＩＲＡにおいて設置された日本経済社会再生プロジェクトチームに筆者も末席をつらねた。チーム内の議論および外部の有識者の説明がたいへん参考になった。本書には、いたるところにチームにおける議論に啓発されたところがある。犬飼重仁氏、玉木伸介氏、大貫裕二氏、吉村俊生氏はじめ諸兄にこの場でお礼を申し上げたい。また、構想段階から相談にのっていただいた布川雄二氏、校正、文献整理などでお世話になった古川享子氏、田村晃了氏に厚くお礼申し上げる。

そして、何よりも、北陸先端科学技術大学院大学知識科学研究科の永田晃也助教授、そして亀岡秋男教授に「知識」についてたいへんな教えをいただいた。それがなければ到底本書は、書き上げられなかったろう。とくに永田先生は、たいへんな激務をこなされながら、懇切丁寧に教えをいただき、有意義なディスカッションをしていただいた。心から深くお礼を申し上げたい。

また、コンセンサス会議や専門家と素人の関係についての視座を得られたのは、文部科学省科学技術政策研究所での研究の際にいろいろな方々のご助言とご協力をいただいたおかげである。科学技術政策研究所の皆様に心から感謝の意を表したい。また科学技術への市民参加を考える会の皆様にもお世話になった。

編集では、日本経済評論社の宮野芳一氏、清達二氏にたいへんなご尽力をいただいた。

ここに名前をあげさせていただいた方以外にも、たいへん多くの方々のご協力とご指導のもとに、本書は生まれた。

最後になったが、この本が出版できたのは、出版公開事業の一冊として刊行するという機会を与えて下さった塩谷隆英理事長をはじめとするＮＩＲＡの皆様のご厚意があったからこそである。心から厚く感謝申し上げる次第である。

二〇〇三年七月

木場隆夫

［編著者略歴］

木 場 隆 夫（きば　たかお）

1960年　東京都生まれ．東京大学法学部卒業

84年　科学技術庁入庁．その後経済企画庁，科学技術庁科学技術政策研究所を経て，

2000年　総合研究開発機構研究開発部主任研究員．03年7月より筑波大学研究協力部．
その間，筑波大学にて経営学修士，東京工業大学にて学術博士取得．

総合研究開発機構（略称 NIRA）

総合研究開発機構法に基づく政策志向型の研究機関として，独自の視点から研究，基礎情報を提供しています．NIRA は，世界平和と繁栄，人類の健康と幸福を求めて，現在の経済社会及び国民生活の諸問題の解明のため総合的な研究開発を行っています．

http://www.nira.go.jp

知識社会のゆくえ――プチ専門家症候群を超えて

2003年11月25日　第1刷発行

定価（本体2300円＋税）

編著者　総合研究開発機構
　　　　木 場 隆 夫

発行者　栗 原 哲 也

発行所　株式会社 日本経済評論社

〒101-0051　東京都千代田区神田神保町3-2

電話 03-3230-1661　Fax 03-3265-2993

E-mail: nikkeihy@js7.so-net.ne.jp

URL: http://www.nikkeihyo.co.jp

装丁・渡辺美知子　　印刷・藤原印刷　製本・協栄製本

ISBN4-8188-1556-X